Wiesbaden

Ein Lesebuch

Die Stadt Wiesbaden einst und jetzt
in Sagen und Geschichten, Erinnerungen und Berichten,
Briefen und Gedichten

Herausgegeben
von
Diethard H. Klein
und Heike Rosbach

Husum Verlag

Umschlagbild: Gesine Rosenträger, „Römertor"

CIP-Titelaufnahme der Deutschen Bibliothek

Wiesbaden : e. Lesebuch ; d. Stadt Wiesbaden einst u. jetzt in Sagen u. Geschichten, Erinnerungen u. Berichten, Briefen u. Gedichten / hrsg. von Diethard H. Klein … – Husum : Husum-Verl., 1988.
ISBN 3-88042-382-2
NE: Klein, Diethard H. [Hrsg.]

Redaktion: Bücher-GmbH, Bayreuth

Satz: Fotosatz Husum GmbH
Druck und Verarbeitung: Husum Druck- und Verlagsgesellschaft
Postfach 1480, D-2250 Husum
ISBN 3-88042-382-2

Vorwort

„Wiesbaden, die uralte Stadt" – wie sie schon von Autoren des sechzehnten und siebzehnten Jahrhunderts genannt wird, und das zu Recht, denn bereits im ersten Jahrhundert unserer Zeitrechnung rühmten die lateinischen Schriftsteller Plinius und Martial die „Quellen der Mattiaken" – wird mit ihren Schicksalen und Schönheiten hier lebendig in über hundert Beiträgen aus alten Werken und der Feder von gut fünfundachtzig Autoren.

Da kommen berühmte Reiseschriftsteller und Städteschilderer früherer Jahrhunderte, wie Philipp Wilhelm Gercken, Johann Isaac von Gerning, Johann August Klein, Matthaeus Merian, Johann Kaspar Riesbeck, Karl Simrock, Adam Storck, Christian Daniel Vogel, Niklas Vogt, Carl Julius Weber und Johann Ignaz Weitzel ebenso zu Wort wie deutsche Klassiker, etwa Bettina von Arnim, Ludwig Börne, Clemens Brentano, Gustav Freytag, Johann Wolfgang von Goethe, Jacob und Wilhelm Grimm, Heinrich von Kleist, Heinrich Laube und Moritz von Strachwitz. Auch Musiker wie Robert Schumann, Richard Wagner oder Carl Maria von Weber berichten, und an Vertretern der zeitgenössischen Literatur seien nur Walter Kempowski, Ernst Penzoldt oder Eduard von Winterstein genannt.

Natürlich fehlen die heimischen Autoren nicht, die sich entweder liebevoll erinnern (wie etwa Hans Grimm, Karl Korn, Max Niedermayer, Alfons Paquet oder Wilhelm Heinrich Riehl) oder mit meist heiteren Mundartbeiträgen in Vers und Prosa vertreten sind (so etwa Franz Bossong, Rudolf Dietz, Alois Henninger, Joseph Kehrein, Friedrich Lennig u. a.). Amüsantes und Interessantes vom Spiel- und Badebetrieb schließlich erfährt der Leser teils von berühmten fremden Besuchern, wie Fjodor M. Dostojewskij, Nasreddin Schah oder Iwan Turgenjew, teils von älteren Verfassern des fünfzehnten bis neunzehnten Jahrhunderts, darunter Erasmus Alberus, Johann Joachim Becher, Hans Folz, Ludwig von Hörnigk, A. H. Peez („Thermalbad für Pferde"!), K. Reuter, P. Rosenwall, Daniel Wilhelm Triller, Hans Wachenhusen und Philipp Weber.

Alte Sagen, Schilderungen wichtiger Ereignisse in der Stadtgeschichte (teils in Versform) und Dokumente dazu fehlen natürlich ebensowenig wie kurze Beschreibungen der einstigen und heutigen Sehenswürdigkeiten, Park- und Kuranlagen und Ausflugsziele. Und schließlich sind sowohl dem Wirtschaftsleben der Stadt wie ihrer reizvollen Umgebung an Taunus und Rhein eigene Kapitel gewidmet.

Die angestrebte Themenfülle einerseits, der vorgegebene Umfang innerhalb einer Serie andererseits machten es natürlich unvermeidlich, daß oft aus bestimmten Texten nur kurze „Kostproben" entnommen werden konnten. Der Leser, der sich dadurch zu ausführlicherer Lektüre angeregt fühlt, sei auf das umfassende Quellenverzeichnis im Anhang verwiesen.

Dem Dank an Verlage und Autoren für die freundliche Erteilung von Abdruckgenehmigungen und an die verschiedenen Bibliotheken für ihre Unterstützung bei der Textbeschaffung dürfen wir ein besonderes Dankeschön für Doris Würfels Mitarbeit bei der Materialsammlung anfügen.

Diethard H. Klein

Ansichten, Eindrücke, Schilderungen

In Wiesbaden sind warme Wasser

Erasmus Alberus (1552)

Zu Wiesbaden sind warme Wasser, die fernher aus den feurigen, schwefelichten Bergen kommen und zu Wiesbaden herfürbrechen, darinnen die Leute baden und viel Kranke gesund werden ...
Wiesbaden, eine Stadt und ein Schloß, ist des Grafen von Nassau, der Idstein inn hat ...

Wiesbaden

Matthaeus Merian

Es ligt Wißbaden eine kleine Meyl von Mäyntz / oder nicht so weit / und vier von Franckfurt / zwo grosse Meylen von Langen-Schwalbach / unnd 7. von Coblentz. Ob nun sie / die Statt / von den obgemelten Usipetibus, oder Vispis; oder aber den Wiesen / in welchen sie / zwischen den Bergen ligt / den Namen bekommen / lassen wir andere erörtern. Sie ist mit einem recht guten fruchtbaren Boden gesegnet; dann sie einen edlen Wein- und Kornwachs / darzu stattliche Waldungen / und zwey vornehme angrentzende Wasser hat / als nemblich den Rhein / und Mäyn / deren jedes uber ein halbe Meyl nicht von dannen, anderer kleinen Bäch zu geschweigen.
Die Gegend herumb wird von den Einwohnern der Einrich / Einrichiæpagus, oder Gäw / genannt. Und fänget allhie dz Rhingaw an / hat gegen Morgen die Grafschafft Epstein; gegen Mitternacht die Graffschafft Idstein / darzwischen nur ein Wald ist; und gegen Abend gräntzet sie mit dem besagten Rhingaw. Und ist die Statt dreyeckicht erbauet. Der grosse Wald bey derselben / wird von den Leuthen hierumb die Höhe genannt. Es hat allda / vor dem jetzigen Krieg / schöne Gärten gehabt.

Die Lufft ist umb die Statt herumb gesund / un gut / ob zwar die warme Dämpf / und Viehezucht / wann solche vorhanden / selbige etwas ändern. Also ist auch das Brodt eines guten Geruchs / unnd Geschmacks / derentwegen es von manchen zur Abreise mit desto grösserer Begierde / mitgenommen wird. An Rind- Hammel- und Kalbfleisch / jungen und alten Hanen / und Hünern / deßgleichen an Gevögel / Eyer / Butter / Fischwerck / etc. ist zur gnüge zubekommen. Ausser deß Weins / so selbsten an dem nechst gelegenen Berg allhie herrlich wächst / hat man vor diesem auch allerhand andere / und darunder Bacheracher Wein allda gehabt. Das Trinckwasser aber ist nicht zum besten : Hergegen man aber Sauerwasser von underschiedlichen Orten / und auch Bier haben kan. Die Einwohner seynd gute / redliche / und diensthafte Leuth / welche den einkommenden Badgästen freundlich unter Augen gehen / gern zu willen seyn / die Bäder zu rechter Zeit stätig ablassen / und reinigen / mit frischem Wasser widerumb füllen / zum Gebrauch der frembden Badgäst zum fleissigsten verwahren / die Häuser / und Cammern reinigen / mit weissen Betthen zieren / un männiglichen / wie ihr Ampt erfordert / solche Handreichung thun / daß selten Klag gehöret wird.

Wiesbadens Lob (1637)

Johann Joachim Becher

Wann von dem Himmel ja ein Orth mit grossen Gaben
Gezieret ist, so kan am Rheinstrom man ihn haben.
Umb Maintz herumb, da ist der wunderschöne Platz,
Das Lusthaus der Natur, ihr allerschönster Schatz.
Korn, Wein, gesunde Lufft, die Felder, Wälder, Wiesen,
Die werden hierherumb vor andern alln gepriesen:
Was ein gesunder Leib an Nahrung wünschen kan,
Das findet man allhier: ja, so ein krancker Mann
Ingleichen Mittel sucht, der darf nicht weiter reysen,
Ein Brunnen wird man ihm zu Langen-Schwalbach weisen.
Nicht weit davon ein Bad, so man Wißbaden nennt,
Der Kranckheit wird dadurch der Weg gar bald verrennt.

Der Sauerbrunnen thut eröffnen und erweichen,
Wil nicht in seiner Krafft des Iovis nectar weichen,
Wißbaden von Natur ist warm, eröffnend, heiß,
Mit dir, o Siloe, es streitet umb den Preiß.
Das warme Wasser fleust auß harten steinern Ritzen,
Entzündet thut es auß den Schwefel-Kammern schwitzen,
Ja, in dem Schlangenbad gantz mitten in dem Rhein
Find man ein Wasser, das gantz warm und heiß thut seyn.
Mit kaltem Wasser es zwar gäntzlich ist umbgeben,
Gleichwohl erhelt die Wärm darzwischen sich beym Leben.
Mir zweiffelt auch gar nicht, daß allerhand Gestein
Vom guten Ertz hierumb nicht solt zu finden seyn,
Wann man nur suchen wolt und einen Muth thät fassen,
Darbey gelehrte Leut, die das verstehn, nit hassen.
Wer wolte wissen, wo des Wißbads Würckung wer,
Wann nit Herr Hörnigk hät beschrieben seine Ehr?
Den Sauerbrunnen auch, den hat in vielen Fragen
Der gantzen erbarn Welt Herr Hörnigk vorgetragen.
Ich wünsche Glück dazu. Gott gebe diß darbey,
Daß eines Bergwerks auch er ein Erfinder sey,
Diß eintzig geht noch ab dem hochgelobten Lande.
Gott gebe die Genad und öffne diese Bande;
Er segne dieses Land, damit an Golt und Gelt
Fürters kein Mangel sey in dieser kleinen Welt!

Beschreibung Wißbads

Ludwig von Hörnigk

Die Statt Wißbaden liegt eine starke halbe Meyl von der Churfürstl. Statt Mayntz, 4 Meyl von Franckfurt, zwo grosse Meyl von Langen Schwallbach und 7 Meyl von Confluentz, sie hat, meines Erachtens, ihren Namen entweder von den Völckern so daselbst gewohnet, und vor Zeiten Visipetes oder Vispi geheissen: oder weilen diß Orth in Wiesen zwischen den Bergen liegt, bekommen. Ist mit einem recht guten fruchtbaren Boden gesegnet, dann sie einen edlen Wein- und

Kornwachs, darzu stattliche Waldungen, unnd zwey vornehme angräntzende Wasser hat, als nemblich den Rhein und Mayn, deren jedes uber eine halbe Meyl nit von dannen, anderer kleiner Bäch zu geschweigen.
Die Lufft ist umb die Statt herumb gesund und gut, ob zwar die Wärme und Viehzucht, so doch jetzo (leyder) ziemblich abgenommen, unnd daher nicht viel Gestancks machen kan, selbige etwas endern.
Also ist auch das Brod guten Geruchs unnd Geschmacks, derentwegen es von manchem zur Abreyse mit desto grösserer Begierde mitgenommen wird.
An Rind-, Hamel- vnnd Kalbfleisch, jungen und alten Hanen vnd Hünern, deßgleichen an Gevögel, Eyer, Butter, Fischwerck, etc. ist zur genüge zubekommen.
Die Einwohner seynd gute, redliche unnd diensthafftige Leuth, welche den einkommenden Badgästen freundlich under Augen gehen, gern zu Willen seyn, die Bäder zu rechter Zeit stetig ablassen und reynigen, mit frischem Wasser widerumb füllen, zum Gebrauch der frembden Badegäst zum fleissigsten verwahren, die Häuser und Kammern reynigen, mit weissen Betten zieren, und Männiglichen, wie ihr Ampt erfordert, solche Handreichung thun, daß selten Klag gehöret wird.
(Der Autor übernimmt fast wörtlich die Beschreibung von Matthaeus Merian, s. o.)

Wißbaden, die uralte Stadt

Martin Venator

Wißbaden, die uralte Statt,
Ohnfern vom Rhein ir Wonung hat,
Gegen dem Rheingau und Statt Mentz
Ligt am Gebürg in schöner Grentz.
Inn Historien wol bekannt
Die Bäder sindt im gantzen Landt.
Es ist diß Orts berümpt sehr weitt
Ein hochverstendig Obrigkeitt.
In Gottesforcht ein erbar Rhat
Fürwar den Scepter fürt gerad.
Nach Gstalt des Himmels Firmament

Ist guter Wißwachs an dem Endt.
Drumbher gut Lufft und Ackerfeld,
Vil Weinberg, alles wol bestelt.
Schöne Gärtten, fruchtbare Bäum
Helt man allhie inn gutem Zäum.
Das Teutsch redt man sehr schön und fein,
Wie du hörst an den Jungfräulein.
Die Saltzbach gibt viel Krebs und Fisch,
Auch Wiltbret man hier tregt zu Tisch.
Ein treflich Malwerck hats allhir,
Solt sicherlich das glauben mir.
Sauer Brunn und ferniger Wein
Inn billichm Wert hie sind gemein.
Im Wißbad ligt ein altes Schloß
Am Bezirck wol verwart und groß,
Adlich Wonungen, ein schön Rathhauß,
Auch zirlich Bäder sindt durchaus,
Bistu in grosser Mattigkeit,
Herrlich es dient zur Gesundheit.
Heidnisch Gemäur, Monimenten
Werden hir gezeigt den Fremden.
Schaw doch, mein liber Freundt, zu Hant
Den Sidbrunn bkannt im gantzen Lant.
Noch umb die Statt drei Brünnlein sindt,
Aus welchen gsundt süs Wasser springt.
Die Schul, so hievor wohl regirt,
Wirdt durchs Kriegs Wesen tribulirt.
An Gottes Wort es mangelt nicht,
Gnug wird hierinn das Ampt verricht.
In der Kirch schön Epitaphen
Zu sehen von Herrn und Grafen.
Das von Langeln adlich Geschlecht
Ist tugendhafft, geneigt zum Recht.
Kriegs Obersten hir Wonung han,
Lobwürdig ist der Ackermann,
Metziger, Krämer und Schröpffer,
Walbirer, Becker undt Töpffer,
Schumacher, Schneidr, so wol ir Schmitt,
Seydt alzmal begriffen hirmit.
An allerhant gschönen Waren
Die Füll war in guten Jaren.

O wers noch um dieselbe Zeitt,
Wie wer ewr Rhum bekannt so weitt.
Sonst war auch untr der Burger Schar
Kein Stoltzr und Faulr zu finden dar,
Und wer auch jetzt noch arbeiten mag,
Bekommpt sein Brodt hie alle Tag.
Vor euch, ir armen Krüppel, schaut,
Ein reicher Spitahl ist erbaut.
Von mehr Herrlichkeit zu sagen,
Wils die Zeit jetzt nitt ertragen.
Ade! mein Reim beschlissen thu,
Halt uns, o Gott! inn gutter Rhu!

Lob auf das Wiesenbad

Daniel Wilhelm Triller

Und soll ich dich nicht auch besingen,
Du Matten- oder Wiesenbad?
Soll ich nicht dem ein Loblied bringen,
Der hier solch grosses Wunder that?
Nein, wahrlich! hier ist Gottes Finger,
Die Allmacht zeigt sich fast so reich,
Und ist an Kräften kaum geringer,
Als wie dort in Bethesdens Teich.
Er wollt ein Mittel offenbaren,
Das alle Mittel übertrifft.
Hier quillt seit mehr, als tausend Jahren,
Der ärgsten Seuchen Gegengift;
Hier fließt für mancherley Gebrechen
Ein wunderthätig Polychrest,
Von dem man sich kann Trost versprechen,
Wenn uns der Arzt nichts hoffen läßt.
Hört, wie mit sprudelndem Getümmel
Das Wasser aus den Röhren springt,

Und wie sein fetter Rauch gen Himmel,
Woher er kommen, dankbar dringt,
Ein rauchend Opfer dem zu reichen,
Der diesen Quell entspringen ließ,
Und uns dadurch ein herrlich Zeichen
Von seiner Huld und Allmacht wies.
Am Fuß, wo sich in breite Höhen
Der altberühmte Taunus streckt,
Sieht man das Wunderbad entstehen,
Das so viel Furcht, als Lust erweckt.
Lust, weil man es mit Nutz gebrauchet,
Indem es lindert, heilt und wärmt;
Furcht aber, weil es wallt und rauchet,
Und unaufhörlich schäumt und lärmt.
Es theilt sich in drey grosse Quellen,
Woher viel kleine kommen sind,
So daß in sechs und zwanzig Stellen,
Und mehr, ihr heilsam Wasser rinnt.
Doch ist kein Mangel zu befahren,
Es hat stets einerley Gestalt,
Und ist von so viel hundert Jahren
Von gleichen Kräften und Gehalt . . .

Wißbaden ist ein uralter Ort

Philipp Wilhelm Gercken

Wißbaden, welches drey kleine Stunden von da entfernt ist, wohin der Weg größtentheils durch Hölzungen geht. Die Stadt kann über 400 Häuser haben, und die sind in der Gegend, wo das Bad ist, sauber gebauet. Es ist ein uralter Ort. Viele Urkunden der fränkischen Könige sind hier datiret, indem sie hier einen Pallast hatten, wozu vermuthlich das Bad die erste Gelegenheit gegeben hat. Die Landesregierung und Kammer hat hier auch ihren Platz. Aber die vornehmste Nahrung giebt doch der Stadt das hiesige heiße Bad, so vielleicht das stärkste in

Deutschland ist. Die Hauptquelle ist auf offner Straße, die ungemein stark dampft, so daß man die schweflichten Theile riechen kann. Die Bäder sind gut eingerichtet, obwol nicht so sauber und prächtig, wie zu Schlangenbad, und im Darmstädtischen Hofe zu Ems. Hergegen gut Logis, Essen, und einen ziemlichen Wein findet man hier um billigen Preis. Die Gegend um der Stadt wird jedermann auch angenehm finden, allein sie ist auch hier nicht genutzet. Die Promenaden sind schlecht, in Vergleichung anderer Bäder und Brunnen. Der dazu angelegte Garten ist viel zu klein, und für viele Curgäste gar zu eingeschränkt, ohne Aussicht etc. Nicht weit davon würde man leicht eine bessere anlegen können ohne große Kosten.

Artige Umgebungen

Niklas Vogt und Alois Schreiber

Wisbaden selbst gewährt keinen schönen Anblick, aber es hat artige Umgebungen, und das frohe Gewühl um seine warmen Quellen und die Leichtigkeit, womit sich in Bädern oft interessante Bekanntschaften knüpfen, macht den Aufenthalt hier in den schönen Tagen des Jahrs doch angenehm. Dieses Bad kann sich jedoch in keiner Hinsicht mit dem verschwisterten zu Baaden in der Markgrafschaft messen, dessen Gegenden mit den schönsten Landschaften des Rheingaus wetteifern.

Der Friede spielte sein allegorisches Stück

Heinrich von Kleist

Wir standen damals in Bieberich in Kantonierungsquartieren. Vor mir blühte der Lustgarten der Natur – eine konkave Wölbung, wie von der Hand der Gottheit eingedrückt. Durch ihre Mitte fließt der Rhein, zwei Paradiese aus einem zu machen. In der Tiefe liegt Mainz, wie der Schauplatz in der Mitte eines Amphitheaters. Der Krieg war aus dieser Gegend geflohen, der Friede spielte sein allegorisches Stück. Die Terrassen der umschließenden Berge dienten statt der Logen, Wesen aller Art blickten als Zuschauer voll Freude herab, und sangen und sprachen Beifall – Oben in der Himmelsloge stand Gott. Hoch an dem Gewölbe des großen Schauspielhauses strahlte die Girandole der Frühlingssonne, die entzückende Vorstellung zu beleuchten. Holde Düfte stiegen, wie Dämpfe aus Opferschalen, aus den Kelchen der Blumen und Kräuter empor. Ein blauer Schleier, wie in Italien gewebt, umhüllte die Gegend, und es war, als ob der Himmel selbst herniedergesunken wäre auf die Erde –

Ach, ich entsinne mich, daß ich in meiner Entzückung zuweilen, wenn ich die Augen schloß, besonders einmal, als ich an dem Rhein spazierenging, und so zugleich die Wellen der Luft und des Stromes mich umtönten, eine ganze vollständige Sinfonie gehört habe, die Melodie und alle begleitenden Akkorde, von der zärtlichen Flöte bis zu dem rauschenden Kontra-Violon. Das klang mir wie eine Kirchenmusik, und ich glaube, daß alles, was uns die Dichter von der Sphärenmusik erzählen, nichts Reizenderes gewesen ist, als diese seltsame Träumerei.

Zuweilen stieg ich allein in einen Nachen und stieß mich bis auf die Mitte des Rheins. Dann legte ich mich nieder auf den Boden des Fahrzeugs, und vergaß, sanft von dem Strome hinabgeführt, die ganze Erde, und sah nichts, als den Himmel –

Wie diese Fahrt, so war mein ganzes damaliges Leben – Und jetzt! – Ach, das Leben des Menschen ist, wie jeder Strom, bei seinem Ursprunge am höchsten. Es fließt nur fort, indem es fällt – In das Meer müssen wir alle – Wir sinken und sinken, bis wir so niedrig stehen, wie die andern, und das Schicksal zwingt uns, so zu sein, wie die, die wir verachten –

Ich habe in der Gegend von Mainz jeden Ort besucht, der mir durch irgendeine Erinnerung heilig war, die Insel bei Bieberich, die ich mit Müllern, oft im größten Sturm, umschiffte – das Ufer zwischen Bieberich und Schierstein, an welchem Gleißenberg mich einmal mitten in der Nacht, als der Schiffer schelmisch aus unserm Kahn gesprungen war, hinanstieß – das Lager bei Marienborn, wo ich noch Spuren einer Höhle fand, die ich einmal mit Barssen, uns vor der Sonne zu schützen, in die Erde gegraben hatte –

Hier ist das köstlichste Gastmahl bereitet

Johann Wolfgang von Goethe

Wisbaden also d. 1. Aug. 1814. Die Bewegung einer glücklichen Reise, die überwarme Jahrszeit, das erquickliche Schwalbacher Wasser, und die wenigen warmen Bäder wirken schon so gut auf mein ganzes Wesen daß ich mir das Beste verspreche. Solchen Anfang und solche Hoffnungen braucht es aber auch daß ich den hiesigen Aufenthalt erträglich finde, wo alles zusammenkommt was ich hasse und noch drüber. Nächstens sende eine Litaney und ihr werdet mich bedauern. Doch zu Steuer der Wahrheit Sey gesagt: eigentlich ist die Schuld mir beyzumessen, der ich die Güter und Gaben, die solch eine Gegend, solch ein Zustand darbietet, nicht mehr genießen kann. Denn euch andern lebenslustigen Hasenfüsen wäre hier das köstlichste Gastmal bereitet. Vier Chausseen, die von Hügeln und Bergen in die Tiefe führen wo der Ort liegt, Stieben den ganzen Tag von zu- und abfahrenden, von Lust- und Spazierfahrenden. Da solls nach Maynz, Biebrich, Ellfeld, Schlangenbad Schwalbach und wohin alles. Da liegen für Fusgänger verfallne Schlösser, mit Erfrischungs Örtern, im nächsten Gebirg. Da, und so weiter! Zelter, ein furchtbarer Fuswandrer, hat das alles schon durchstrichen, als Liebhaber von allen Sorten Erheiterung, das alles schon durchfahren, durch truncken
gessen und will ich soll das auch thun. Ich hoffe die Lust dazu soll kommen.

Das wohltätige Heilbad

Johann Isaac von Gerning

Anmuthig ist die kleine Reise von Frankfurt hieher, über Höchst und die, von Hattersheim aus, neu angelegte Nassauische Dammstraße, wodurch man den Weg der zwey Posten in vier Stunden zurücklegt. Mit Freuden verweilt das Auge des Wandernden auf der malerischen Gebirgreihe, deren Vorhöhen mit alten Burgen und freundlichen Orten geschmückt sind. Von Erbenheims Hochfeld erscheinet in einem Zauberspiegel das herrliche Rheingefild, und am Fuße der, in hohem

Naturstile, mit südlicher Fülle, prangenden Bergflur, umschlungen von reizenden Hügeln und schwellenden Auen, lacht Wiesbaden dem Kommenden entgegen.
Mit Recht berühmt und vielbesucht ist dieses wohlthätige Heilbad, das erste von Teutschland und einzige seiner Art. Kein Reich in Europa besitzt ein solches und selbst das Italische Pisa steht Wisbada nach. Seine kochenden Quellen sind auch die stärksten und wärmsten unter allen bekannten muriatischen. Die Römer, im Bunde mit den Mattiaken, benutzten es während ihrer Feldzüge gegen die nördlichen Teutschen und brachten sein uraltes Andenken auf die Nachwelt.

Groß und schön geworden

Carl Julius Weber

Wiesbaden, zwei Stunden von Mainz, die Hauptstadt des Herzogthums, Sitz der Regierung, eines Hofgerichts, (ein zweites ist zu Dillenburg) des Oberappellationsgerichts, und überall offen, liegt in einer starken Vertiefung am südlichen Fuße des Taunus. Wiesbaden, die größte Stadt des Landes, ist so groß und schön geworden, daß man es kaum mehr kennet. Die Friedrichs-, Wilhelms-, Nero-, Taunus-, Schwalbacher- und Louisenstraßen sind neue schöne Straßen, und bilden die kalte Stadt, das alte Wiesbaden aber, wo die Bäder sind, heißt die warme, wo man im Sommer recht schicklich: statt: „Wie befinden Sie sich", fragen könnte: „Wie schwitzen Sie?" Die Bevölkerung steht zwischen 7-8000 Seelen, und in der Curzeit sind gewiß 10 000 Fremde hier, darunter vielleicht die Hälfte eigentliche Curgäste. . . .
Im Ganzen geht es zu Wiesbaden ziemlich stille zu, Sonn- und Feiertage ausgenommen, indessen haben zwanzig Jahre einen großen Unterschied gemacht. Man badet nicht bloß, sondern trinkt auch, weil es die Mode will, und diese Mode erzeugte, nächst dem Cursaal, größere Geselligkeit. Am Sonntag führt das leidige Spiel viele aus Mainz und Frankfurt herbei — an Wochentagen aber sind die Spielzimmer meist leer, da Nassauern das Hazardspiel löblichst verboten ist.

Wiesbaden liegt hübsch

Robert Schumann

Sonnabends sahen wir uns in Wiesbaden um; ein Empfehlungsbrief des Gesandtschaftssekretärs Rohde hatte viel Wirkung; Wiesbaden liegt hübsch; aber die egalen, großen Marmorhäuser, Säle und Paläste lassen einen kalt; Alleen, Schlösser, Parks usw. sind mir höchst fatal, und die kleinen Frankfurter oder Nürnberger Häuser und Straßen sind mir am kleinen Finger lieber. Um 9 Uhr fuhren wir von Wiesbaden ab; ich drückte die Augen zu, um den ersten Anblick des alten, majestätischen Vater Rhein mit ganzer, voller, nüchterner Seele genießen zu können – Und wie ich sie aufschlug, lag er vor mir, ruhig, still, ernst und stolz wie ein alter deutscher Gott, und mit ihm das ganze herrliche, blühende, grüne Rheingau mit seinen Bergen und Tälern und den ganzen Nebenparadiesen. In sechs Stunden kamen wir durch Hochheim, Hattenheim, Markobrunnen, Geisenheim usw.

So labend und frisch

Ludwig Börne

Der Weg von Hofheim nach Wiesbaden ist herrlich. Durch Wald, über Höhen. Ich machte ihn aber mit großer Mühe. Der Regen hatte den Boden durchgeweicht, und keuchend arbeitete ich mich die Berge hinan. So klein auch das Bündel war, das ich auf dem Rücken zu tragen hatte, es fiel mir doch schwer; denn es war das erstemal in meinem Leben. Ich habe meine Lasten nur immer auf der Brust getragen. Zu Hofheim schnitt ich mir sehr stark in den Daumen, und ein ganzer Strom meines unschätzbaren Blutes floß zur Erde. Soeben kommen meine Stiefel und endigen für jetzt mein dummes Geschwätz. – Mittags vor 1 Uhr. Noch einige Worte vor dem Essen. Dazu von Ihnen wegzueilen, verzeihen Sie mir zuerst: Sie kennen das menschliche Herz!

Den Hofrat Weitzel habe ich besuchen wollen, der wohnt aber in Johannisberg. Vielleicht sehe ich ihn dort.

Der Park, der den Kursaal umgibt, ist so labend und frisch, als Durstige wie wir ihn nur wünschen können. Ganz überquellend von Blumendüften, Nachtigallgesängen und kühlen Schatten. Da schlängelt sich der Weg längs einem meistenteils unsichtbaren, hinter dichten Bäumen und Gebüschen murmelnden Bache wohl eine halbe Stunde weit. Überall Ruhebänke und tragbare Tische. Ach, hätte ich so etwas in Frankfurt, mit welcher Lust würde ich an solchen Tischen meine vier verschiedenen Monatsschriften, die Ihnen bekannt sind, ausarbeiten. Im Teiche des Parks ist ein allerliebstes Entendörfchen aufgebaut; jede Ente hat ihr eignes Häuschen. Es ist nicht so wie in Frankfurt, wo oft sechs Gänse in einem Zimmer zusammen sind. Am Ende des Parks liegt rechts eine Mühle, wohin die Kurgäste häufig hinken. Dann eine Viertelstunde weiter, sanft aufsteigend, liegt das Dorf Sonnenberg und über ihm die alte Burg gleichen Namens. So malerisch habe ich noch nie eine Ruine gesehen. Die meisten solcher alten Gebäude haben den Mangel, daß sie zu vollständig sind. Das Schloß Sonnenberg ist wirklich zerstört. Nichts hängt zusammen. Für Sitze und schützende Geländer hat die Kunst freundlich gesorgt, so daß man ohne Gefahr sich durch jede Öffnung hinaus-, über jede Tiefe hinabneigen kann.
Es ist jetzt Nachmittag vier Uhr. Ich schließe den Brief und wandere dann nach Bieberich. Dort oder in Ellfeld übernachte ich. Gehe ich bis nach Bingen, so können Sie erst in zwei Tagen den dritten Brief von mir erhalten. — Werden Sie in Bergen gewesen sein? Ich will noch einen Gang durch den Kursaal machen, ehe ich weitergehe.
Adieu.
Hier an den Badhäusern ist Bad überall mit zwei a geschrieben, das kränkt mich sehr.

Wiesbaden verschönert sich immer mehr

F. H. Ungewitter (1848)

Wiesbaden, Haupt- und (erst seit wenigen Jahren) Residenzstadt des ganzen Landes, Sitz der höchsten Verwaltungsbehörden, des evangelischen Landesbischofs und des Oberappellationsgerichts, am Fuße des Taunus, 1 Meile von Mainz, nach dessen Brückenkopf, d. h. nach Kastel jetzt eine Eisenbahn führt (dann weiter nach Frankfurt), ist schon von alten Zeiten her berühmt als Badeort (1839 von mehr als 8000 Kurgästen und 7730 Durchreisenden besucht), vergrößert und verschönert sich immermehr und hat gegenwärtig 13 100 Einwohner. Die vornehmsten Gebäude sind: Der prachtvolle Kursaal, das Gast- u. Badehaus zu den vier Jahreszeiten, das neue Residenzschloß, das Palais mit einer öffentlichen Bibliothek von 50 bis 60 000 Bänden und einem Museum, das im Anfange des 18. Jahrhunderts erbaute Schloß, jetzt Regierungsgebäude, das neue Schauspielhaus, das neue Schulgebäude, die neue katholische Kirche, die große Kaserne. Auf dem Geisberge (wo das, sonst zu Idstein befindliche, herzogliche Lehrinstitut der Landwirthschaft jetzt ist) sind die besuchtesten Lustpartien in der Gegend von Wiesbaden: nach dem Dorfe Sonnenberg (mit 1050 Einwohnern und den prächtigen Ruinen der alten Burg Sonnenberg), nach der herzoglichen Domäne Clarenthal (vormals ein Nonnenkloster), mit einer Fasanerie, und nach dem Jagdschlosse, die Platte, mit herrlicher Aussicht. Nahebei liegen Schierstein, ein Dorf am Rhein, mit gutem Weinwuchs und 1400 Einwohnern, Nürnberg, herzogliche Domäne, wo ebenfalls guter Wein wächst, Biebrich oder Bieberich, Marktflekken in einer entzückenden Lage am Rhein, 1 Stunde von Wiesbaden, mit einem Schlosse, wo der verstorbene Herzog residirte und auch der jetzige gewöhnlich oder doch häufig sich aufhält, einem großen und schönen Park (worin eine im Styl der alten Ritterburgen aufgeführte Burg besonders sich auszeichnet), einem Rheinhafen und (mit dem Dorfe Mosbach) 3100 Einwohnern.

Den Hügel von Wiesbaden hinab

Heinrich Laube

Es war Abend, der Mond ging auf, als wir den Hügel von Wiesbaden hinabfuhren und der breite Wasserspiegel mir zum ersten Male entgegenschimmerte. Mondstrahlen hüpften auf ihm umher, alle Wassernixen des Märchens und der Lieder tauchten dazwischen auf. Die Lorelei kämmte ihr goldenes Haar, und aus Uferbüschen guckten römische Gesichter, die einst hier gelebt. Auf der Straße sah ich die Burgunder vorüberziehen, dann verschwanden sie im Nebel. Mittelalterliche Ritter setzten auf Rossen über den Strom. Dann kamen die Jakobiner mit roten Mützen aus den Sträuchern gesprengt, verjagten alles, erhoben ein großes Geschrei und verscheuchten die Mondbilder. Die breite Schiffsbrücke von Mainz lag mit ihrer langen Lichterreihe wie ein Juwelenschmuck dicht am Körper des Rheins. Mainz ruhte drüben schwarz mit goldenen Punkten, vor mir lag die feste Vorstadt Castell. Wer am Tore wohnt, hat mehr Abwechslung, mehr Freude und Leid. Das Rheinland von Basel bis Mainz am Oberrhein, und von Mainz bis Holland am Niederrhein ist durch alle Jahrhunderte das Grenzland Deutschlands gewesen, wo die Ideen zwischen den Völkern ausgetauscht wurden und die Interessen am heftigsten gegeneinanderspielten. Dazu kommt, daß hier ein guter Wein wächst, das Leben an Schwere verliert und die schöne Natur die Menschen fröhlich macht. So ist hier ein Menschenschlag entstanden, der voll Farbe und Blut und von leichter Empfänglichkeit ist. In diesem großen Garten vom Bodensee bis Düsseldorf blüht allerlei Gesträuch und gibt es verschiedenen Geschmack. Ein Garten ist hier aber wirklich.

Wisbare wunnerschehn

Herbold

Aich hun in meim Lewe viel Länner gesehn,
 Doch kans, daß su prächtig, su fruchtbar, su schehn,
Als das, wo ich har bin, das Nassauer Land;
 Es is jo bei Alte un Junge bekannt.

Vor Allem awer sollt'r emol Wisbare sehn,
 Kammerade, das is euch e Stadt wunnerschehn;
Do springt euch haas Wasser aus'm Ardburem raus,
 Es schmeckt, wie schwach Flaschbrieh, for Viele en Schmaus.

Do sieht mer euch Mensche aus alle Harrn Länner,
 Mit korze, mit lange un bunte Gewänner,

Do sieht mer euch Russe un Därke un Polacke,
Un Frankforter un Menzer un all die Schwerhacke.

Do trinkt mer euch Wasser, 's is kräftig un rein,
Waas Gott es schmeckt besser, als hie euer Wein,
Un e Weinche wächst do euch, su siffig, su sieß,
Die Mensche die lewe dort, wie im Paradies.

Die Collnad un der Cursaal, daß is euch e Pracht,
Die Dietmühl un Nierthal wird von Kahnem veracht;
Uf de Gaasberg lafe Esel, statt Gaase, enauf,
Sitze Weiber un Männer un Märercher drauf.

In de Wälder, do sollt'r emol's Wildbertspiel sehn,
Der Deiwel soll mich hole, der Verstand bleibt ahm stehn;
Die Haase sinn do euch, wie die Reh hie, su groß,
Un Märercher gibts dort, es wird ahm kurios.

Aich sags euch jetzt nochemol, es is aach bekannt,
Der Herzog von Nassau hots allerschehnst Land,
Es hots beste Wasser un aach de beste Wein:
Der Herzog soll lewe! Drauf schlage wir ein.

Stadt der Müßiggänger

Hans Wachenhusen

Landeinwärts, vorüber am Moosbacher Bahnhof, führt der Weg sanft ansteigend und von schattiger Doppel-Allee flankirt, zur Adolfs-Höhe. Links ein bezaubernder Blick auf die Inseln und einen Theil des Rheingau, rechts ein anderer, fast ebenso fesselnder auf Mainz-Castel und die Bergkette; vor uns der Taunuszug, von dessen Plateau das Jagdschloß die „Platte" und die Kapelle aus dem Waldeinschnitt herunterwinken, während lauschig zur Linken das Chausseehaus, die Försterei an dem Waldwege nach Schlangenbad in dem ansteigenden

Gehölz sich abzeichnet und rechts wieder auf dem Hügelrücken die Bierstädter Warte das ganze Rheinthal beherrscht.
Schon vor Moosbach beginnen die Landhäuser, die Vorposten der sorgenlosen Gesellschaft, die sich jenseits der Höhe in dem schönsten der rheinischen Thäler, in der „Stadt der Müssiggänger", in Wiesbaden die behaglichste Ruhe gesucht. In fruchtreichem Grün dehnen sich zu beiden Seiten die Triften, durchschnitten von der Taunus- und der Nassauischen Staatsbahn. In wenigen Minuten ist das Plateau erreicht und zu unsern Füßen liegt das kleine Paradies, einst die Residenz der Herzoge von Nassau, das Mekka aller Derer, die zu seinen warmen Quellen wallfahrten, – das deutsche Nizza, geschützt vor markverzehrenden Nordostwinden, der Sammelpunkt aller Derjenigen, die das Gewühl der großen Städte fliehend, unter der rheinischen Sonne, im mildesten Klima, beschaulich ihr Dasein verbringen wollen. – In der That ist kaum ein Ort so vom Himmel begünstigt wie dieser. Auf und an den Abhängen des rings von Waldhöhen umschlossenen Thales, hingewürfelt zwischen üppigen Garten-Anlagen und Parks, umringen die Landhäuser die enge, immer von den Dünsten der Heilquelle heiß durchathmete Stadt, die aus dem eigentlichen „Kochbrunnen", den isländischen Geisern gleich, eine dicke Wolke zum Himmel aufwirbelt. Alles, was das Auge von hier oben umfaßt, erzählt von Wohlhabenheit, von Reichthum, von Gemüthlichkeit. Kaum wagt es hie und da ein Schlot sich zwischen die Villen zu drängen und die unzähligen mit goldnem Knopf gezierten Flaggenstangen auf den Dächern erzählen von der Bereitwilligkeit, mit welcher die Landhausbesitzer jede Gelegenheit eines patriotischen Festtags benutzen, obgleich hier in diesem nach der modernsten Façon zugeschnittenen Idyll eigentlich alle Tage Sonntag ist.
Schon bis zur Adolfs-Höhe hinauf hat die Bauwuth der letzten glücklichen Jahre die Landhäuser errichtet. Sie führen uns die Adolfs-Höhe hinab in die sauberste und eleganteste aller deutschen Städte, die, vor vierzig Jahren kaum mehr als ein Dorf, es in Gutem und Bösem zu einer Einwohnerschaft von mehr als vierzigtausend gebracht. In Gutem und Bösem sage ich, denn ihre ursprünglichen Luxus-Anlagen verdankt sie wie Baden der Spielbank, und erst als diese durch Parlamentsbeschluß aufgehoben, wagten es die Familien, die in der Geschäftswelt nichts oder nichts mehr zu thun hatten, in ganzen Zügen ihren Wohnsitz hier zu suchen. Was also der Spielteufel begonnen, das führte ein guter Geist zu Ende und kaum sahen die Wiesbadener, daß sie mit diesem noch besser fuhren als mit jenem, da begann die Haus- und Terrain-Spekulation. Die Weltkurstadt ward eine Minia-

tur-Weltstadt, ihre Gesellschaft ein Extract aller Nationen, eine neutrale Niederlassung der fashionablen Elemente aller Welttheile, an welcher jede Zunge, jede Münze gilt.

Die Hauptstadt des Regierungsbezirks

(Aus dem „Großen Brockhaus" von 1895)

Wiesbaden, die Hauptstadt des Regierungsbezirks und Stadtkreis, 5 km vom Rhein, in einem Thalkessel, in 117 m Höhe, an den südwestlichen Ausläufern des Taunus, liegt an den Linien Wiesbaden–Niedernhausen (20 km) der Hessischen Ludwigsbahn, Frankfurt–Wiesbaden (42 km) und der Nebenlinie Wiesbaden–Diez (51,5 km) der Preußischen Staatsbahnen, durch Dampfstraßenbahn mit Biebrich verbunden, ist Sitz der königlichen Regierung, einer königlichen Polizeidirektion, des Landratsamtes für den Kreis Wiesbaden, der Nassauischen Landesdirektion und Landesbank, eines Landgerichts (Oberlandesgericht Frankfurt a. M.) mit einer Kammer für Handelssachen und 16 Amtsgerichten (Braubach, Camburg, Eltville, Hochheim, Höchst a. M., Idstein, Katzenellenbogen, Königstein a. Taunus, Langenschwalbach, Nastätten, Niederlahnstein, Rüdesheim, St. Goarshausen, Usingen, Wehen, Wiesbaden), eines Amtsgerichts, Gewerbegerichts, Bezirkskommandos, einer Reichsbankstelle und Handelskammer und hat 1820: 5466, 1860: 18 054, 1880: 50 238, 1890: 64 670 (28 964 männliche, 35 706 weibliche) Einwohner, darunter 19 797 Katholiken und 1537 Israeliten, in Garnison das 1. und 4. Bataillon des Füsilierregiments von Gersdorf Nr. 80 und die 2. Abteilung des Feldartillerieregiments Nr. 27, ein Postamt erster Klasse mit Zweigstellen und Telegraph, Postagentur, Telegraphenamt erster Klasse mit Zweigstelle, Fernsprecheinrichtung, Pferdebahn und elektrische Straßenbahn.

Die Stadt hat mit Ausnahme der innern Teile breite Straßen mit prächtigen Läden (Wilhelm-, Rhein-, Taunusstraße, Lang- und Kirchgasse u. a.). Villen und Gärten umschließen den Norden und Osten und ziehen sich die Höhen hinauf. An der Ostseite der Wilhelmstraße entlang erstrecken sich die Parkanlagen des sog. Warmen Dammes (seit 1860) mit dem Standbild Kaiser Wilhelms I. (1894), in weißem Marmor nach dem Modell von Schilling, und der Bronzebüste Bodenstedts (1894) von Bärwald. Sie setzen sich hinter dem Kursaal in den sogenannten Kuranlagen fort. Von den zahlreichen Plätzen sind zu nennen: der Marktplatz, Schloßplatz mit dem alten Stadtbrunnen und dem Stadtwappen, Kursaalplatz mit dem prächtigen englischen Garten und zwei Kaskaden, Theaterplatz mit der bronzenen Schillerbüste (1866), Luisenplatz mit dem Waterloodenkmal (Obelisk aus grauem Sandstein, 1865) Kranzplatz mit der Hygieiagruppe (1830) und der Faulbrunnenplatz.

Vom Ackerbürgerstädtchen zur Weltkurstadt

Wolf-Arno Kropat

Im krassen Gegensatz zu der Armut, unter der die Bevölkerung vor allem im Westerwald und im Raum zwischen Lahn und Taunus litt, stand der Luxus, den die eleganten nassauischen Bäder im Taunus und an der Lahn einem Publikum boten, das teils Gesundheit, teils Zerstreuung und Vergnügen suchte. Zweifellos zählt der Ausbau der Badeorte zu den bedeutenden Leistungen der herzoglichen Zeit. Im Mittelpunkt stand dabei die Landeshauptstadt Wiesbaden. Noch um 1800 war Wiesbaden ein Ackerbürgerstädtchen mit kaum mehr als 2000 Einwohnern gewesen. Wenn die Einwohnerzahl bis zum Ende der herzoglichen Zeit im Jahr 1866 rund 25 000 erreichte und sich damit verzwölffacht hatte, so war dies nicht nur dem Ausbau zur Landeshauptstadt zu verdanken, sondern auch der von den Herzögen geförderten Entwicklung zur „Weltkurstadt", wie Wiesbaden erstmals im Jahr 1852 genannt wurde. Bedeutende klassizistische Bauten und Promenadenalleen erinnern noch heute an die Zeit, in der Wiesbaden als Luxus- und Modebad Weltruf erlangte. Daß auch die übrigen nassauischen Bäder damals Tummelplatz eines internationalen Publikums von Geld und Adel wurden, stellte für das Land indessen auch einen beachtlichen Wirtschaftsfaktor dar.

Die Betriebsamkeit der Kurorte kam auch dem geistigen und kulturellen Leben zugute; Theater wurde nicht nur in Wiesbaden, sondern auch in anderen Städten des Landes gespielt. Der Rhein und seine Romantik wurden von manch prominentem Dichter besungen. Die nassauische Landesbibliothek wurde aus einer Beamtenbibliothek in herzoglicher Zeit zu einer angesehenen öffentlichen Bibliothek, gelehrte Vereine forschten nach Altertümern und gruben in emsiger archäologischer Arbeit Überreste der Römerzeit aus.

Aus Sage und Geschichte

Die warmen Quellen der Mattiaken

Plinius

Sunt et Mattiaci in Germania fontes calidi, quorum haustus triduo fervet, circa margines vero pumicem feriunt aquae.

Auch gibt es bei den Mattiaken in Teutschland heiße Quellen, deren geschöpftes Wasser drey Tage lang warm bleibt, um den Rand aber einen Bimsstein ansetzt.

Das römische Castell

Christian Daniel Vogel

Nachdem die Römer Mainz befestigt hatten, und ihre Eroberungen auf das jenseitige Rheingebiet ausdehnten, war Wiesbaden ihnen nicht nur als Bäderstadt eine willkommene Eroberung, sondern auch ein durch die Lage bedeutender militärischer Haltpunkt zur Verbindung mit den Castellen am Limes. Sie legten also hier ein Castell an, dessen Fundamente und Reste auf dem Heidenberge man im Jahre 1838 aufgegraben hat. Seine Ringmauern bildeten ein längliches, etwas verschobenes Quadrat mit abgerundeten Ecken, so daß die Südwestseite 504, die nordöstliche 502, die nordwestliche 459 und die südöstliche 457 rheinländische Fuß Länge hatten. Man fand ihre nach innen vorspringenden 28 Thürme, ihre 4 Thore, und im Innern des Castells die Grundmauern von den Gebäuden. – Unter dem Schutze dieses Castells entstand eine bürgerliche Niederlassung, die auf Inschriften unter dem Namen Civitas Mattiacorum vorkommt.
Von dem Ende der römischen Herrschaft zeugen noch jetzt die Denkmähler, die aus derselben stammend als Werkstücke und zur Unterla-

ge von Mauern hier sind verwendet worden. Man fand eine Anzahl derselben im Jahre 1841 am Kranz in den Fundamenten eines ganz nach römischer Weise gemauerten Gebäudes. Es sind Grabsteine von römischen Legionsoldaten und Hülfstruppen, die als Besatzung des Castells hier standen, und die von den Römern selbst gewiß nicht zur Errichtung von Gebäuden wären verwendet worden.

Römische Wasserleitungen

K. Reuter

Selbst in den entferntesten Gegenden des römischen Reiches, auf der rechten Rheinseite, in dem Zehntland, agri decumates und in der Civitas Mattiacorum, speciell in Wiesbaden (...) haben die Römer die Spuren so zahlreicher Wasserleitungen zurückgelassen, daß sie von allen Überresten ihrer Hinterlassenschaft, die auf uns gekommen sind, eine nicht unbedeutende Zahl ausmachen und große Mannigfaltigkeit zeigen. (...) Außer der Lieblingsrichtung der Römer für eine ausgiebige Wasserversorgung wurde man in Wiesbaden zur Anlage von Wasserwerken insbesondere veranlaßt durch die Benutzung der zahlreichen, zu Bädern verwendeten überaus heißen Quellen (54 Reaum.), die eine Abkühlung durch kaltes Wasser erforderten. (...) Auch waren den Römern Bäder ein unentbehrliches Bedürfnis, zumal in unserem rauhen Klima, und ferner durch den Mangel eines erquikkenden, erfrischenden und gesunden Trinkwassers, denn auch die kalten Quellen in Wiesbaden und seiner nächsten Umgebung bestehen meist aus schwefelhaltigem, salinischem Wasser. Der Boden im Centrum der Stadt und am Fuße des Hügels ist von heißen Quellen so durchdrängt und in einen Moorboden umgeschaffen, daß schon die Römer die Grundmauern ihrer in dieser Gegend so zahlreichen Bäder meist auf einen starken Holzrost fundieren mußten, und noch heute kann man in der Langgasse keinen guten Keller anlegen.

Weswegen der Teufel nicht wieder nach Wiesbaden gekommen ist

Aus „Sang und Sage“

(...)
§ 1. Die Mainzer verpflichten sich, den Teufel durch ihren Mitbürger H. nach Wiesbaden führen zu lassen, und ihm daselbst beim Kochbrunnenwirth von dem Original-Glühwein so viel zu trinken zu geben, wie er haben will.
§ 2. Der Teufel verpflichtet sich, acht Tage hintereinander jeden Tag ein halbes Hundert Gläser des Weines in der Zeit von 12–2 Uhr Mittags zu trinken.
§ 3. Unser Mitbürger H. soll bei dem Trinken Zeuge sein.
§ 4. Der Teufel hat alle Rechte an unsere Seelen verloren und gehen dieselben in's Himmelreich, wenn er den Vertrag nicht genau innehält.
(...)
Am nächsten Morgen wanderte der Alte mit dem Teufel nach Wiesbaden, sie frühstückten im Kurpark, den der Teufel langweilig fand, weil er keinen Menschen sah, dem er so ein bischen Seelenschacher anbieten konnte. Auch sah ihn der Kurdirektor sehr verdächtig von der Seite an; ein so unheimlich aussehendes Individuum war dem Letzteren wohl noch nicht vorgekommen.
Und nun ging's zum Kochbrunnen!
Als die Beiden ihre Gläser in Händen hatten, rief der Alte dem Teufel ein Prosit zu. Dieser trank und meinte: „Na, nach Wein vom Rhein schmeckt das nun gerade nicht, aber meine Großmutter versteht den Trunk doch noch etwas wärmer zu brauen. Wirst Deine Lust d'ran haben, Alter, wenn Du erst unter ihrer Fürsorge stehst.“
Die 50 Glas wurden ihm zwar etwas viel, doch knurrte er: „Die acht Tage muß ich bei diesem Erdenbräu schon aushalten, die Mainzer kriege ich doch!“
In der Nacht wurde es dem Teufel ganz unheimlich zu Muthe. Im Bette konnte er's nicht aushalten, und fast wollte es ihm scheinen, als ob ein saurer Hering gute Dienste leisten könne. Mit einem gewissen Zagen ging er deswegen dem zweiten Tage entgegen. Doch ließ er sich vor dem Alten noch nichts merken, sondern trank die Vertrags-Portion des heißen Wassers, wozu der Alte ihm wieder ein fröhliches Prosit zurief.

Es wurde dem armen Teufel aber nicht mehr wohl, er ächzte und stöhnte und störte die übrigen Logiergäste durch fortwährendes Herumlaufen auf den Korridoren. Deswegen bat er den Alten am dritten Tage um einen Ruhetag. Darauf ließ sich dieser aber nicht ein, und es mußte weiter getrunken werden, obgleich der Teufel den Trank schon nicht mehr sehen mochte.
Den Teufel packte am selben Tage noch die Verzweiflung. Hohlwangig und abgemagert bis zum Skelett schlich er einher. Von der darauf folgenden Nacht schweigt die Geschichte. Nur so viel steht fest, daß der Gasthofbesitzer ihm am nächsten Morgen kündigte, da keiner seiner Gäste wegen des Teufels Lauferei die Augen hatte schließen können.
Und als nun der Alte kam, um ihn zum vierten Trunk abzuholen, konnte er nur noch jammern. Trinken könne er nicht mehr, so ein Wein würde ja nicht mal in der Hölle gebraut. Er sei betrogen, die Mainzer hätten ihn hinter's Licht geführt, und nun seien all' die schönen Seelen für ihn verloren. Seiner Großmutter könne er ja kaum noch unter die Augen treten! Das sei kein Wein, ein Höllenspuck müsse es sein.
Da lachte der Alte. „Haben wir Dich, dummer Teufel, nun so weit? Sieh', das, was Du getrunken hast, ist das Heilwasser der Menschen. Der Kochbrunnen Wiesbaden's läßt die Menschheit an Leib und Seele gesunden, wenn sie diese herrliche Gabe Gottes mäßig genießen. Du hast nun gelernt, daß dieser Born Dir die geraubten Seelen entwindet. Der Rhein braucht Dich nicht mehr."
Mit einem gräßlichen Fluche sprang der Teufel in die Höhe und rief aus:

„Nach Wiesbaden komme ich nicht wieder!"

Und so ist es geschehen, daß die Mainzer ihre Seelen gerettet haben und man in Wiesbaden ohne alle Teufeleien leben kann.

Einhard in Wisibada (829)

Da mich eine gewisse Notwendigkeit antrieb, wie gewöhnt, in die Umgebung des Königs zu kommen, so brach ich im Dezembermond, so ich mich recht entsinne, gerade an dessen erstem Tage (1. XII. 829) vom

Orte der Märtyrer auf und gelangte am folgenden Tage zu dem befestigten Flecken (Castrum), der neuerlich Wisibad (Wisibada) genannt wird, allwo ich Rast halten wollte. Als wir dort, um das Waldgebirge, das sich nahe bei dem Orte befindet, bequemer zu übersteigen, früher als gewöhnlich aufstanden, zogen die Diener, die uns mit dem Gepäck voraufreisen sollten, weiter. Aber nachdem sie aus dem Orte (Vicus), in dem wir verblieben, hinausgelangt waren und sich auf den Weg machten, umgab sie ein so arger Nebel mit einer garstigen Finsternis, daß sie gar nicht finden konnten, wohin sie sich wenden sollten. Außerdem herrschte eine gewaltige Kälte, und die mit Schnee und Eis (dickem Reif) bedeckte Erde versagte das Vermögen, den Weg zu erkennen. Auch die Bergkette selbst, die überschritten werden mußte, war von Wolken umlagert, die man, wie ausgedehnt und wie nahe sie waren, nicht zu unterscheiden vermochte. Überdies kam noch ein in den Tälern gelagerter Nebel hinzu, der durch seine Dichte den Blick behinderte und die Vorwärtsstrebenden aufhielt. Wie diese nun wahrnahmen, daß sie durch so viele Hindernisse Verzögerung erlitten und nicht gleich wußten, was sie tun sollten, sprangen sie von den Pferden und versuchten, den Weg, den sie nicht sehen konnten, durch vorsichtiges Tasten zu finden. Allein das hatte wenig Erfolg, und so stiegen sie wieder auf und beschlossen, sich lieber dem Irrgehen, das sie verabscheuten, zu überlassen, als sich aufzuhalten. So eine kurze Zeit in der Finsternis vordringend, kamen sie zu dem Kreuze, das an ihrem Reisewege zum Gedächtnis des seligen Marcellinus errichtet worden war. Ursache aber der Errichtung dieses Kreuzes daselbst war, daß an dieser Stelle die Einwohner des Ortes, in dem wir die Nacht über verweilten (also Wisibads), mir zwei Jahre zuvor – da ich aus der Pfalz (zu Aachen) zurückkehrte und die Reliquien des seligen Märtyrers Marcellinus, die mir damals zurückgegeben worden waren, mit mir führte – entgegeneilten und es (das Kreuz) zur Erinnerung an dies Geschehnis, zur Verehrung des seligen Märtyrers gleichsam als Inschrift(tafel) oder Denkmal aufstellen ließen.
Als nun besagte Diener viel mehr durch Umherirren als auf dem (rechten) Reisewege dorthin gekommen waren, beschlossen sie, daß sie dort ihre Genossen, die ihnen folgten, erwarten, sie, damit sie nicht abirrten, durch einen Trompetenruf um sich sammeln, dann, wenn sie beisammen wären, die seligen Märtyrer zur Hilfeleistung anrufen und mit hocherhobener Stimme dreimal das Kyrie eleison anstimmen wollten. Nachdem dies geschehen war, zuckte über ihnen ebenso oftmal der Strahl eines vom Himmel kommenden Lichtes, der an blitzendem Glanz der Tageshelle gleichkam. Diese Lichterscheinung brachte

ihrer Reise soviel Vorteil, daß, nachdem der Nebel zerflossen war und die Finsternis sich zerteilt hatte, auch der Weg, den sie einschlagen mußten, klar erkennbar war, sie ihre Reise, wenn auch durch Wälder und über Berge, die von Hainen verdüstert waren, ohne Irrtumshindernis bis zum Beginn der Morgenröte vollzogen. Denn bei der ersten Lichterscheinung, zusammen mit dem Lichte, war eine so große Hitze eingetreten, daß sie gestanden, sie hätten solche gleichsam wie die Glut aus einem brennenden Ofen empfunden. Durch ihr Wehen wurde nicht nur der Nebel, sondern auch Schnee und Eis (der dichte Reif), welche die Berge und allen Wald bedeckt hatten, so verzehrt, daß, nachdem die dritte Lichterscheinung erfolgt war, keine Spur der Kälte mehr vorhanden erschien. Solches haben uns am Abend desselben Tages, nachdem wir nach der (neuen) Raststelle gekommen waren, die, so es gesehen und erfahren haben, erzählt. Wir haben ihren Worten geglaubt und die Barmherzigkeit des allmächtigen Gottes unter Danksagen gelobt, darum, daß er durch die Verdienste seiner Heiligen uns in allen unseren Nöten der Hilfe und des Trostes gewürdigt hat.

Die Blutlinde

Ludwig Bechstein

In der Nähe Wiesbadens steht bei der Burgtrümmer Frauenstein eine riesige Linde, von der die Sage geht, daß einst an ihrer Stelle sich gar Trauriges ereignet habe. Ein Fräulein aus dem Geschlechte der Frauensteiner liebte einen ihr nicht ebenbürtigen Jüngling und sah ihn oft, indem sie abends noch außerhalb der Burgfeste lustwandelte, an einem traulich schattigen Plätzchen nahe der Burgmauer, wohin ein sonst stets verschlossenes Pförtchen führte, zu welchem sie allein den Schlüssel bei sich trug. Endlich nahm ihr harter und stolzer Vater diese Zusammenkünfte wahr, zürnte heftig, überraschte die Liebenden und erschlug den Geliebten mit eigener Hand. Da brach die Tochter jammernd einen jungen Lindenschoß, steckte ihn durch das rinnende Blut ihres Geliebten in den Boden, sprach zu ihrem Vater nie wieder ein Wort und ging in das nächste Kloster. Täglich weinte sie um ihren erschlagenen Geliebten, der Lindenschoß aber schlug Wurzeln und trieb und ward ein Baum, und solange die trauernde Liebende lebte und weinte, so lange floß Blut aus des Lindenbaumes Gezweig, so jemand ein Blatt oder einen Ast abriß. Das tat aber bald niemand mehr, denn die Menschen scheuten sich, und so erwuchs die Blutlinde zu mächtiger Höhe und Dicke, und können den Baum jetzt kaum vier Mann umklaftern.

Nahebei liegt ein uralt Gehöft, der Graroder Hof, von dem eine verwandte Sage geht. Ein junger Grafensohn des Lahngaues liebte ein seinem Geschlecht nicht ebenbürtiges Mädchen, deshalb stieß ihn sein Vater im Zorne von sich, daß er nie wieder vor sein Angesicht kommen solle. Das tat denn auch der junge Ritter, er ging und folgte dem Zuge seines Herzens und seiner Neigung. Aber um den alten Grafen her begann ein Sterben – sein Weib starb, seine Töchter starben, dann die vielen blühenden Söhne allzumal, einer nach dem andern; zuletzt hatte er nur noch einen – und auch dieser eine starb. Völlig vereinsamt, völlig kinderlos war der Greis, da gedachte er mit Schmerz seines verstoßenen Sohnes, wenn doch der noch lebte und bei ihm wäre, er wolle ihn gern nicht mehr um seiner Liebe willen verstoßen. Und ob er wohl noch lebte? – Da machte der alte Graf sich auf, den Sohn zu suchen, und suchte ihn ab und zu am Rheinstrom und in den Flußtälern, die in diesen münden, und in den Seitentälern und auf den Bergen. Da kam er einst ermüdet an ein kleines Winzergehöft, und da traf er ein Winzerpaar, Mann und Frau und wohl auch Kinder, und sahe, wie diese Leute ringsum den Felsboden gerodet hatten und hatten Reben gepflanzt und gewannen ihr Brot, das sie mit ihm teilten, denn er war hungrig, und das junge Weib bot ihm Trauben aus irdener Schüssel, und der Mann trat dazu, auf der Schulter den blinkenden Karst, blinkend von stetem, fleißigem Gebrauch. Da erkannte der alte Graf mit einem Male seinen Sohn in dem Häcker und fiel ihm um den Hals und weinte und segnete. Darauf hat der Ritter über sein Weinberggehöft sich eine Burg gebaut und sie mit den Seinen bezogen, denn er wollte nicht mehr hinweg von dem Stück Erde, das er mit seinem Weibe gerodet und bebaut hatte. Das nannte man hernach den Grafenroder oder kurzweg Graroder Hof, weil ein Graf es gerodet hatte. Der alte Graf lebte noch lange Jahre glücklich bei seinen Kindern und Enkeln, und der junge Graf nahm zum Helmkleinod einen bärtigen Mann im schwarzen kurzen Rock, auf der Schulter eine silberne Rodhaue tragend, zum Andenken, daß er selbst mit seiner Geliebten den Boden gerodet habe. In der alten Kirche zu Schierstein am Rhein sind noch Grabmäler des Geschlechts zu sehen.

Aus Wiesbadens Geschichte

Christian Daniel Vogel

Als kaiserliche Pfalz oder Saal wird der Name Wisibad im Jahre 882 zum ersten Male erwähnt. Wann dieselbe aber unter der Fränkischen Monarchie hier aufgekommen und wie lange sie bestanden, wissen wir nicht. Noch 1617 konnte man von diesem Gebäude Überreste und 1708 die Fundamente bei Anlegung einer neuen Gasse sehen. – Der alten Burg, die 1837 bei der Erbauung des jetzigen Residenzschlosses abgebrochen wurde, wird zuerst um 1200 gedacht. Die Grafen von Leiningen teilten damals ihren und auch den Besitz der Stadt mit Nassau, was vermutlich in einer Verpfändung seinen Grund hatte, und gaben den Rheingrafen ein Burglehen darin. Die Burgmannschaft stellten von 1427–1433 die Adeligen von Heppenhefft, Knebel von Katzenellenbogen, Geroldstein, Schenck von Mainz, Lindau, Hude von Sonnenberg, Reiffenberg, Aldendorf, Kobel von Reiffenberg und von der Hese. Zu den besonders unglücklichen Begebenheiten, die über die Stadt ergangen, gehört ihre Eroberung und Zerstörung durch die Dynasten von Eppenstein im Jahre 1283; ihre Beschädigung durch dieselben 1419 und der große Brand, welcher 1547 die ganze Stadt bis auf die Burg und 20 Häuser verzehrte. Im Jahre 1318 wurde sie vom Kaiser Ludwig vergeblich belagert. Ihre Einnahme durch den Grafen Otto von Solms im Jahre 1469 war nur von kurzer Dauer und scheint nicht bedeutenden Schaden gebracht zu haben. Ein höherer Flor der Stadt begann im Jahre 1744, als alle höheren Landeskollegien von Usingen hierher verlegt wurden, und sie seitdem der Zentralpunkt aller diesseitigen Nassau-Usingischen Lande war.

Die ehemalige Stadtkirche, die vermutlich auf der Stelle der jetzigen evangelischen stand, war in uralter Zeit von den deutschen Königen erbaut und dotiert worden. Von diesen trugen sie die Grafen von Nassau zu Lehen, als sie dieselbe nebst allen Zehnten und Einkünften im Jahre 1215 mit kaiserlicher Zustimmung an den deutschen Orden schenkten. Durch den Zehnten aber, den dieser 1237 an das Kloster Elisabethen oder Tiefental vertauschte, kam dieses in den Mitbesitz des Patronatrechtes der Kirche, das es seitdem abwechselnd mit demselben übte. 1465 zedierte der Orden seinen Anteil an den Grafen Johann von Nassau, der den Plan hatte, an dieser Kirche eine Kongregation von Kugelherrn zu errichten, welche aber nicht zustande kam. Auch das Kloster überließ 1507 seinen Anteil an Nassau. Dem Orden und dem Kloster gehörte auch die Muttergotteskapelle auf dem Sande, die aber der Orden im Jahre 1286 an das Kloster ganz abtrat, das nach einem Entscheide von 1316 dreimal wöchentlich darin mußte Messe lesen lassen. – Den Altar in der Michaelskapelle im Beinhause begiftete 1330 Betheide, Witwe des Ritters Dietrich Hud von Sonnenberg. Außer diesen waren noch Kapellen des Heiligen Georgs in der Burg und im Hospitale vorhanden. Von 1540 an ist die evangelische Konfession hier eingeführt worden und seitdem herrschend geblieben. Seit dem 16. Jahrhundert ist auch eine lateinische Schule hier, die 1817 in das jetzige Pädagog verwandelt wurde. Von 1791 bis 1817 bestand eine reformierte und seit 1800 besteht auch eine katholische Kirchengemeinde hier. Über die Bäder kommen nur wenige urkundliche Nachrichten vor. 1502 hatte Graf Adolph IV. von Nassau das gemeine Bad auf elf Jahre für jährliche vier Gulden an einen Bürger verliehen. – Die adelige Familie von Wisebaden, die zum Teil den Zunamen Bode oder Poto führte, kommt schon vom Jahre 1200 an vor und ist am Ende des 14. Jahrhunderts ausgestorben.

Landesherrschaftlicher Freiheitsbrief für die Stadt Wiesbaden (1393)

Wir Walrabe, Grafe zu Nassaw, und Wir Berthe, syn Eheliche Hußfrawen, daselbst, und Wir Adolffe, Grafe zu Nassaw, gebeider Sone dan kunt allen Lüden und versychern offentlich an dysen gegenwärtigen Brieffe, daß Wir unsern lieben, getreuwen, unsern Burgern in Wyßebaden, dye da nu(n) zu stund syzent, und dye hernach darzu kommen mögen, und dye darinnen stettichen wohnent synt, um friedliche Freyndschafft und Gunst, dye Wir schon an inen gedan han und dann witer zu dun. Und dyse Gnade sy uns, wann wir met en syn unseren Erben und Nachkömmlingen alle ire Lüde von Bete wegen keyn Geld duet me reychen und geben solten, denn sye Uns bysher geben hant und verwyset synt. Und en sollen ir keynen oder syher über unstheuer, beten nicht ußgenommen an das unsere Rechte und Gefellen, wye Wir das behalten und sollen es auch fordern immer also didten ... dyse ... wie sich ... von dysen Tage zu ynen yme nach Wyßebaden giebt, den mögen sye uffnehmen zu Ynfahrt und Ußfahrt, das soll er dun und ynen zur Styre kommen. Wir nehmen aber uß Unß eygen Lüd, dye unß mit yren Liebe angehörent, den en sollent sy immer fort in keynen zu Bürgern empfahen, und dazu auch, was unser und inen zu stunt Bürger synt, dye da zu Wyßebaden yne kämen und wohnent stetiglichen. Und wann . . . Bürger, dye sy iezt hant oder hernach werden mogend, dye da ynen wohnent und sitzent stetiglichen, dye sollent in denselben Gnaden seyn und begriffen. Dyeselbe unsere Bürger, dye darinne zu stunt sitzend zu Wyßebaden oder hernach darinn kommen, die sollen Uns Stadt Wyßebaden behüden und bewahren mit Wächtern an Mauren und Porten Portenern, als das von Alters gewöhnlich gewesen ist, und sollen die vorgemelte Unsere Bürger zu Wyßebaden, dye yezt da wohnent synt, oder hernachmahls darkommen mögent, by allen yren alten Fryheiten und Gewohnheiten bleiben, als sie von Alters kommen synt, dieser vorgeschribene Gnade geloben Wir yne für feste und unverbrochlichen zu halten an alle Argelist und Geverde. Des zu Urkunde und mehreren Stetegkeit, so han Wir Wallrabe, Grafe zu Nassaw, Berthe, Gräfinne daselbs, und Adolff, Unser Sone, Unß Inges(iegel) von Uns und unser Erben an diesen Brieff dun hencken. Datum quinta feria ante . . . beati Lampridij Martyris, Anno Dom. MCCCLXXXXIII.

Einst Hauptort der Königshundert

Karl Simrock

Einst nur der Hauptort der Königshundert, jetzt Hauptstadt und Residenz des Herzogthums Nassau, welche letztere eben erworbene Würde ihm die Aussicht eröffnet, noch neue bisher ungeahnte Blüthen zu treiben. Wenn der geistvolle Verfasser der Bubbles from the Brunnens of Nassau by an old man, nach seiner ausgesprochenen Vorliebe für Schlangenbad und Schwalbach, an der eleganten, ja luxuriösen Bauart Wiesbadens darum keinen Geschmack findet, weil die Wiesbader diese Häuser doch nur für Fremde gebaut hätten, weshalb sie ihm vorkämen wie Kinder in Mannsschuhen, worin ihre Füsse zehnmal Raum hätten; so ist diese Blase geplatzt, seit sich ihnen die Aussicht eröffnet hat, für die im Winter entbehrten Sommergäste durch den

Hof, den Adel und die ganze hof- und tanzfähige Nachbarschaft entschädigt zu werden. Auch die Eisenbahn wird Wiesbaden mehr Fremde zuführen, als den übrigen von dem Netz umschlungenen Städten, und so dürfte die Baulust in Wiesbaden noch nicht so bald abnehmen. Unmittelbar am Rhein giebt es, den ganzen Strom auf und ab, keinen Kurort; auch hierin wird Wiesbaden, sobald seine Entfernung von Biberich, dem Hafen Wiesbadens, durch Dampfwagen aufgehoben ist, einzig sein, wenn nicht etwa gar Thal Ehrenbreitstein seine Absicht noch erreicht.

„Fontibus Mattiacis", diese Aufschrift des berühmten Kursaals spielt auf eine Stelle des Plinius an: Sunt et Mattiaci in Germania fontes calidi, quorum haustus triduo fervet. In der That ist eine Hitze, die drei Tage zum Erkalten gebraucht, in der die meisten eingetauchten Schöpfgläser zerspringen, erstaunlich genug, um heute wie vor zweitausend Jahren zu der belebenden Kraft dieses Wassers Zutrauen einzuflössen. Wenn wir den Naturkundigen glauben, so kommen die Quellen, je wärmer sie sind, je tiefer aus dem Schooss der Erde herauf, auch erkalten die in unterirdischen Klüften geheizten Wasser langsamer als andere von gleicher Temperatur, was Alles bestimmen könnte, ihnen geheime, dem Thermometer unmessbare, der Scheidekunst unergründliche Kräfte zuzutrauen. Wenn es endlich wahr ist, was man in Wiesbaden den Fremden so gerne versichert, dass es gar keinen Kirchhof dort giebt, indem alle Kranken geheilt werden, so sollte alle Welt Kochbrunnen trinken, auch wenn er nicht so köstlich schmeckte, wie die beste Hühnerbrühe. Uebrigens hält man auch den Namen Wiesbaden für eine Uebersetzung von fontes Mattiaci, da Wiesen und Matten im Deutschen gleichbedeutend seien, und fontes in -baden sich wiederfinde. Dass sich die Bürger von Wiesbaden auf einem Votivstein cives visinobates nennen, ist oben erwähnt ...

Wer anspannen lassen kann, hat nach dem herrlichen Rheingau nicht weit, die Platte liegt ihm nicht zu hoch, er bringt den Morgen in Schlangenbad, den Mittag in Schwalbach, den Abend auf der eppsteiner Oelmühle zu und kommt noch zeitig genug nach dem Kursaal zurück, um die Nacht zu vertanzen oder zu verspielen. Frankfurt, Mainz und Darmstadt stehen mit allen ihren Naturschönheiten, wenn dies Wort auf Darmstadt Anwendung findet, freilich auch zu Gebot; aber dazu wird man künftig nicht einmal Equipage bedürfen. Wir gedenken nachstehend nur derjenigen Ausflüge, die uns ein besonderes Interesse abgewonnen haben. Dahin würden wir Sonnenberg rechnen, wenn es nicht gar zu besucht wäre, denn alles was Beine hat, geht, reitet oder kriecht, wie schon Jemand gesagt hat, nach Sonnenberg. Neuerdings hat man es ganz in den Garten des Kursaals hineingezogen und die mit Sand überfahrenen Wege führen unmittelbar an die viereckige Warte des einst bedeutenden Bergschlosses, das nur höher liegen sollte. Im engen Thale des Selzbachs versteckt, kann es die umfassende Uebersicht des mittlern Rheinthals nicht gewähren, die man weiter oben bei der sogenannten alten Kirche findet.

Die Reformation

G. F. Keller

In der Herrschaft Wiesbaden-Idstein hatte die Reformation bei dem conservativen Sinne ihres Regenten längere Zeit mit großen Schwierigkeiten zu kämpfen. Die Idsteiner Linie hielt seit alten Zeiten strenge an den Satzungen der Kirche und wir finden für den Grafen Philipp zu Idstein einen Indulgenzbrief, gegeben in dem großen Gnaden- und Jubeljahr 1500 in den Acten, worin ihm auf seine Bitten vollkommene Sündenvergebung im Leben und im Tode ertheilt wurde, gerade so, als hätte er die vier Basiliken-Kirchen Roms in diesem Gnadenjahre persönlich besucht. Zugleich war ihm und sechs Personen von seinem Hofstaat, männlichen und weiblichen Geschlechts, vergönnt, an den Quadragesimalfasten und an andern Festtagen an der Tafel Schafbutter, Käse und andere Milchspeisen ohne Gewissensbissen essen zu dürfen. Sein Neffe Philipp, der seit 1511 regierte, war bei seinem streng conservativen Charakter allen Neuerungen in der Religion entgegen. Zwar hatte er 1521 dem Reichstage zu Worms beigewohnt, indessen scheint er dadurch für die Reformation nicht gestimmt worden zu sein. Die Bewegungen des Bauernkrieges, von denen sein Land nicht unberührt blieb, mochten ihn nicht günstig für die freiere Richtung stimmen, denn bis 1540 oder 1543 widerstrebte er derselben in der Herrschaft Wiesbaden-Idstein nach allen seinen Kräften. Indessen konnte er der herrschenden Zeitströmung, die entschieden protestantisch war, doch auf die Dauer keinen Damm entgegensetzen, nur mußte sich hier alles ohne obrigkeitliche Leitung machen.
Ohne Zweifel erging es in den beiden Herrschaften, wie überall in Deutschland, wo die Reformation von obenher nicht Unterstützung

und Begünstigung fand. Ein großer Theil von Pfarrern in Stadt und auf dem Lande hörten auf, Messe zu lesen, schafften die am meisten in die Augen springenden Mißbräuche ab, predigten gegen Pabst und Ablaß, theilten das h. Abendmahl in beiderlei Gestalt aus und um ihre Lossagung von der römischen Kirche recht augenfällig zu machen, verehelichten sie sich und nahmen auch wohl ihre Köchinnen zu Frauen. An gleichmäßiger Durchführung des Reformationswerks mußte es um deßwillen fehlen, weil es an einem berufenen Reformator mangelte, der durch Predigten, Synoden und Kirchenvisitationen, sowie durch Hebung der Schulen durchgreifend wirkte.

In Wiesbaden, als vielbesuchten Kurort, scheint indessen die neue Lehre schon frühe Eingang gefunden zu haben, so sehr man auch von Oben widerstrebte. Wer indessen der erste protestantische Geistliche gewesen ist, hat sich bis jetzt bei der sorgfältigsten Nachforschung mit Gewißheit nicht ergeben wollen, da wahrscheinlich die darauf bezüglichen Acten bei dem Brande 1547 in Flammen aufgegangen sind. Die erste Nachricht darüber, daß der erste evangelische Gottesdienst in Wiesbaden eingeführt war, finden wir in den Acten der Pfarrei Schierstein aus dem Jahre 1543. Hier stand nämlich der Pfarrer Philippus von Echzel. Da derselbe wegen seiner ehrenrührigen Angriffe auf die Regierung, wahrscheinlich wegen ihres Hinneigens zum Protestantismus von seiner Stelle entfernt und der Wiesbadner Caplan Michael Echternach dahin dirigirt worden war, so erhob Bleidenstadt wegen Beeinträchtigung der Collatur Beschwerde und meinte, „daß der Graf einen Geistlichen, der Martinischen Secte zugehörig, dahin gesetzt haben."

Dem entgegnete aber Graf Philipp, daß er in seiner Herrschaft alle Secten ausgerottet haben wolle und dieser, wie alle Pfarrer des Landes angewiesen worden sei, „zu predigen, zu lehren, die Sakramente dergestalt zu reichen, wie sie es vor Gott dem Allmächtigen und dem heiligen römischen Reiche zu verantworten sich getrauten". Hiernach hatte also Graf Philipp seine große Abneigung gegen den Protestantismus überwunden und derselbe hatte nun gesetzliche Anerkennung zu Wiesbaden und im Lande gefunden.

Der Überfall von 1644

Alois Henninger

Oft, wann ich froh durchwandle die schöne Taunusstadt
Und dann an ihrer Blüte kaum sehen kann mich satt,
Da drängt sich vor die Seele mir gern ein düstres Bild,
Wo Szenen ich erblicke, gar schaurig, öd und wild.
Wie jetzt an heitren Tagen der Bürger und der Gast
Sich zu ergehen pflegen hier von des Tages Last;
So wallte man auch damals, nichts träumend von Gefahr,
Als man schrieb sechzehnhundertvierundvierzig Jahr.
Da schlich ein Wolf aus Bayern sich unvermerkt heran
Und nährte in der Seele gar einen schwarzen Plan:
Es war mit leichter Mühe der Überfall geschehn,
Und ruhig muß der Bürger mit an die Plünderung sehn.
Wohl opfert jeder gerne die Habe und sein Gut,
Weiß er damit zu retten sein Höchstes nur, sein Blut;
Doch wehe! Auch mißhandelt wird Greis und Weib und Kind:
So schalten keine Krieger, nur freches Raubgesind!
Mißhandelt und gemordet wird Greis und Weib und Kind:
Wohl ihnen, die gefallen von blut'gem Schwerte sind!
Denn ach! Es ist zu bald nur für die bedrängte Stadt
Die rohe Kriegerhorde des Blutvergießens satt.
Es wandelt sich ihr Blutdurst in eine wilde Lust,
Die nur Entsetzen wecket in jeder Menschenbrust:
Gleich einer Herde Viehes, wird nackt – Gott sei's geklagt!
Was jetzt von Atem schöpfet, zum Tor hinausgejagt.
Die Wälder sahn die Schande, verübt an dieser Schar,
Worin sie preisgegeben dem höchsten Elend war;
Und öde, wie wohl nimmer ein deutsches Städtchen lag,
Lag Wiesbads Weichbild lange nach diesem heißen Tag.
Denn wo jetzt wandelt der Bürger und der Gast,
So oft er will ergehen sich von des Tages Last;
Da wuchs auf öden Straßen das Unkraut und das Gras,
Daß Nester dort sich bauten das Feldhuhn und der Has!

Zur Geschichte des zu Wiesbaden regierenden Hauses Nassau

(Allgemeine deutsche Real-Encyclopädie, Leipzig 1819)

Die Wiege des Hauses Nassau ist das Schloß Laurenburg an der Lahn, in der seit 1643 so benannten Graffschaft Holzapfel. Als den Stifter des Geschlechts nennt man mit großer Wahrscheinlichkeit Otto von Laurenburg, den Bruder des Königs Conrad I. (im zehnten Jahrhundert). Unter seinen Nachkommen wurde Walram I. (st. 1020) durch seine Söhne der Stifter zweier Linien. Der ältere, Walram II., pflanzte die Linie Laurenburg fort, die in der Folge nach dem 1181 gebauten Schlosse Nassau sich nannte; der jüngere Otto vermählte sich mit der Erbin von Geldern, und stiftete die Linie Nassau-Geldern, welche 1523 erlosch. Die nassauischen Erblande theilten 1255 die Söhne Heinrichs II. des Reichen. Walram, der ältere, nahm die südlichen, Otto, der jüngere, nahm die nördlichen Länder. Diese beiden Linien, die Walramische und Ottoische, blühen noch jetzt; die jüngere, welche durch Heirath und Testament 1531 auch das kleine Fürstenthum Orange (Oranien in der Dauphiné) erwarb, regiert über die Niederlande. Walrams Sohn Adolf wurde zum deutschen Kaiser erwählt 1292, und verlor das Leben in der Schlacht bei Gellheim 1298, durch seinen Mitbewerber Albrecht von Österreich. Seine Nachkommen theilten sich in mehrere Zweige, von denen der jüngste endlich 1605 in der Person des Grafen Ludwig II, alle Länder wieder vereinigte. Seine Söhne gründeten drei Linien; a) Saarbrück, die sich 1735 in die Äste Saarbrück-Usingen (starb aus 1816) und Saarbrück-Saarbrück (starb aus 1797) spaltete; b) Idstein, welche schon 1721 erlosch; und e) Weilburg, welche seit 1816 alle Besitzungen der Walramischen Linie wieder vereinigt hat. Die Grafen der Walramischen Linie machten zuerst 1688 und 1737 Gebrauch von der erneuerten, aber schon 1366 von Carl IV., einem Grafen von Nassau, ertheilten Fürstenwürde; doch konnten sie erst 1803 Sitz und Stimme im Fürstencollegium auf dem Reichstage erlangen. Durch die französische Revolution hatten sie die Graffschaft Saarbrück und mehrerer Ämter auf dem linken Rheinufer (zusammen 20 Quadratmeilen mit 53 000 Einwohnern) verloren. Dafür entschädigte der Receß von 1803 die Linie Usingen mit 36 Quadratmeilen und 93 000 Einwohnern. Nassau-Weilburg erhielt für 8 Quadratmeilen mit 19 000 Einwohnern, die es verlor, 16 Quadratmeilen mit 37 000 Einwohnern. Auch der Rheinbund, den sie 1806 mit stiften halfen, vergrößerte ihr Gebiet mit 31 Quadratmeilen und 84 500 Einwohnern, und gab dem Senior des Hauses den Herzogstitel. Sämmtliche nassauische Länder wurden zu einem souverainen vereinten und untheilbaren Herzogthum erklärt. Durch Tauschverträge, den 31sten Oct. 1815, mit Preußen erhielten der Herzog und der Fürst von Nassau einen Theil der Länder der Ottoischen Linie (Dietz, Hadamar, Dillenburg ohne Burbach, einen Theil von Siegen usw.) und die niedre Grafschaft Katzenelnbogen. Auch bestätigte die Wiener Congreßacte ihr Erbrecht auf das Großherzogthum Luxemburg, nach dem Aussterben der Ottoischen Linie. Als souverainer Fürst des deutschen Bundes theilt der Herzog von Nassau mit Braunschweig den dreizehnten Platz. Im Plenum hat er zwei Stimmen und den vierzehnten Platz.

Neues Lied von einem fürchterlichen Erdbeben, das von starken Erdstößen begleitet war

Philipp Keim

Ach Gott, was haben wir erlebt in unsern Häusern hier,
Der Erdball hat sich stark bewegt, mit Element geführt.
Im Regierungsbezirk Wiesbaden und Hessen-Darmstadt mit Bedeut
Ein Erdbeben entstanden war, mit Erdstöß' war's begleit't.
Am Schlusse des Oktobers nur hat es uns fest verbannt.
's war grad auf Allerheiligen, wie Lissabon untergang.

Den Sonntag hat's gefangen an die Städt' und Dörfer hier,
Des Montags kam's mit voller Kraft an auf Allerheil'gen hier.
Des Nachts da kam ein Brauschen her mit einem Erdstoß an,
Ja, alles lag ja in dem Schlaf, es war gewecket nun;
Die Häuser taten zittern nun, es wiegt wie eine Wag',
An manchem Ort ruft man zu Gott: Kommt denn der Jüngste Tag?

In Darmstadt fing's am ersten an, Stadt Frankfurt schwer bedacht,
Bad Soden, in Wiesbaden hier, Erdstöß' mit voller Kraft.
In Großgerau war's am schlimmsten nun, da lagert es sich hin,

Die Schornstein' taten stürzen ein, die Häuser bekamen Spring,
Die Tür'n, die sprange von selber auf, es donnert während zu.
Man zählt ja in Großgerau dort sechshundert Erdstöß' nun.

Den Mittwoch abends um neun Uhr flücht't alles auf die Straß',
Die ganze Menschheit aus Gerau nun, sie schließen einen Kreis,
Die Kranken kamen in die Mitt', die kleinen Kinder auch,
Ja, alles weint und ruft zu Gott: Ach Gott, erbarm' Dich nun!
Sie standen ja die ganze Nacht unterm freien Himmel schon,
Sie kommen ja nicht eher nach Haus, bis morgens um drei Uhr.

Wie weit ging dann der Erdstoß nun, wie weit war seine Macht!
Nach Mannheim und nach Heidelberg, Hanau und Offenbach,
Von Gießen ging's nach Langen zu, alle Ortschaften im Verein,
In Höchst und hier in Hattersheim, Hochheim, Flörsheim am Main,
In Wicker, Hofheim, in Wallau, in Erbenheim sogar,
Schierstein, Bierstadt, in Naurod, da war ja groß Gefahr.

Von da ging es ja an die Lahn, nach Diez, nach Limburg zu,
In Runkel war's so fürchterlich, wollt' alles flüchten nun,
In Westerburg und Holzappel, Kirberg war auch dabei,
In Nassau und in dem Bad Ems, da zitterten alle Gebäud',
Von da ging es ja schnell nach Kaub, schwang Kinder aus dem Bett,
Nach Rüdesheim, nach Geisenheim, Langenwinkel mit besteht.

Aus Prag hat man ja prophezeit, an der Küst' Peru's soll's sein,
Die unterirdischen Mächte lagern sich, bei Frankfurt an dem Main.
Da brach die Revolution ja aus, in unsrer Gegend hier,
Kein Mensch kann sie vertreiben nun, als wie die Gottheit hier.
Darauf da kam die Gotteshand, biet' Waffenstillstand hier,
Der Frieden ist so weit geklärt, nun dankt all' Gott dafür.

Nun seht, daß einen Gott ja gibt, der alles machen kann,
Wie stark die Elemente sind, kein Mensch sie führen kann.
Ja, mancher glaubt, es wär' hier nichts, es wär' alles hier Natur,
Es mag ja sein noch so gering, hat's seinen Herrn hier nun.
Wir wollen all' Gott danken nun, ja für die große Gnad',
Daß man so was nicht mehr erlebt, davor uns Gott bewahrt!

Die Forderungen der Nassauer!

Die neueste französische Revolution, hervorgerufen durch die Treulosigkeit und Corruption der Regierung, hat Europa erschüttert. Sie klopft an die Pforten von Deutschland.

Es ist Zeit, daß Alles, was von nationaler Kraft, was von Freiheitsgefühl in der deutschen Nation ruht, zur schleunigsten Entfaltung gerufen werde.

Es ist Vieles, was die Deutschen, was namentlich der Stamm der Nassauer zu fordern berechtigt ist.

Aber die Zeit drängt, sie gestattet nicht Alles, was seit 33 Jahren versäumt worden ist, auf einmal zu ordnen.

Folgende Forderungen aber sind es, welche sofort erfüllt werden müssen:

1) Allgemeine Volksbewaffnung mit freier Wahl seiner Anführer, namentlich sofortige Abgabe von 2000 Flinten und Munition an die Stadtbehörde von Wiesbaden.
2) Unbedingte Preßfreiheit.
3) Sofortige Einberufung eines deutschen Parlaments.
4) Sofortige Vereidigung des Militärs auf die Verfassung.
5) Recht der freien Vereinigung.
6) Oeffentlichkeit, öffentliches mündliches Verfahren mit Schwurgerichten.
7) Erklärung der Domänen zu Staatseigenthum, unter Controle der Verwaltung durch die Stände.
8) Sofortige Einberufung der zweiten Kammer lediglich zur Entwerfung eines neuen Wahlgesetzes, welches auf dem Hauptgrundsatz beruht, daß die Wählbarkeit nicht an einen gewissen Vermögensbesitz gebunden ist.
9) Beseitigung aller Beengungen der uns verfassungsmäßig zustehenden Religionsfreiheit.

Wiesbaden, den 2. März 1848.

Einsatz von Reichstruppen und Reorganisation der Bürgerwehr

Nachdem die Bürgerwehr der hiesigen Stadt bei den Ereignissen der letzten Tage nicht im Stande gewesen ist, die öffentliche Ordnung aufrecht zu halten; nachdem sie sich Gefangene hat entreißen lassen, und Einzelne sowohl als ganze Abtheilungen in offener Widersetzlichkeit gegen ihre Führer sich aufgelehnt haben, sind zur Verstärkung unsers in geringer Anzahl gegenwärtigen Militärs Reichstruppen aus Mainz hierher beordert worden, um die Ordnung wieder herzustellen und den von der Reichsgewalt ausgesprochenen Landfrieden aufrecht zu halten.

Die Bürgerwehr wird sofort neu organisirt werden, und ist zu dem Ende die Ablieferung sämmtlicher Gewehre erforderlich.

Von den Bürgern Wiesbadens wird erwartet, daß sie sich dieser Maßregel, welche unsere Freiheit nicht gefährden, sondern sichern soll, willig unterordnen und anschließen.

Wiesbaden, den 18. Juli 1848.

Herzogl. Nass. Staatsministerium.
Hergenhahn.

Die Reaktion

Rudolf Dietz

Wie Nassau hatt' sellmol
Sei' Revoluzzion,
Do sollt aach der Hazzog
Erunner vom Dhron.

Der Schorsch trug om Stecke
E' Schnubduch, e' ruts;
E' lief dorch die Langgaß
Un krisch wie nix Guts.

Wie e' Leeb daht e' brille
Ganz vorn als der erscht:
„Mer brauche kaan Hazzog,
Mer brauche kaan Ferscht!"

Do koom aus der Goldgaß
E' Schutzmann evor,
Der sterzt sich uff's Schorschche
Un krieht 'n om Ohr.

„Was hoste gekrische?"
Saat der Schutzmann zum Schorsch
Un wollt 'm aa' wische –
Do salwiert sich der Borsch.

Schnell hot er verstickelt
Unnerm Rock sei' rut Fahn!
„Mer brauche kaan Hazzog –
Mer hunn jo doch aan!"

Proklamation König Wilhelms von Preußen 1866

Durch das Patent, welches ich heute vollzogen habe, vereinige ich Euch, Einwohner der Nassauischen Lande, mit Meinen Unterthanen, Euren Nachbarn und Deutschen Brüdern.
Durch die Entscheidung des Krieges und durch die Neugestaltung des gemeinsamen Deutschen Vaterlandes nunmehr von einem Fürstenhause getrennt, dem Ihr mit treuer Ergebenheit angehangen, tretet Ihr jetzt in den Verband des Nachbarlandes, dessen Bevölkerung Euch durch Stammesgemeinschaft, durch Sprache und Sitte verwandt und durch Gemeinsamkeit der Interessen befreundet ist.
Wenn Ihr Euch nicht ohne Schmerz von früheren, Euch liebgewordenen Verhältnissen lossagt, so ehre ich diesen Schmerz und würdige denselben als eine Bürgschaft, daß Ihr und Eure Kinder auch Mir und

Meinem Hause mit Treue angehören werdet. Ihr werdet die Nothwendigkeit des Geschehenen erkennen. Denn sollen die Früchte des schweren Kampfes und der blutigen Siege für Deutschland nicht verloren sein, so gebietet es ebenso die Pflicht der Selbsterhaltung als die Sorge für die Förderung der nationalen Interessen, Nassau mit Preußen fest und dauernd zu vereinigen. Und wie schon Mein in Gott ruhender Herr Vater es ausgesprochen – nur Deutschland hat gewonnen, was Preußen erworben.
Dieses werdet Ihr mit Ernst erwägen und so vertraue ich Eurem Deutschen und redlichen Sinne, daß Ihr Mir Eure Treue ebenso aufrichtig geloben werdet, wie Ich zu Meinem Volke Euch aufnehme.
Euren Gewerben, Eurem Handel und Eurer Schiffahrt eröffnen sich durch die Vereinigung mit meinen Staaten reichere Quellen. Meine Vorsorge wird Eurem Fleiße wirksam entgegenkommen.
Eine gleiche Vertheilung der Staatslasten, eine zweckmäßige energische Verwaltung, sorgsam erwogene Gesetze, eine gerechte und pünktliche Justizpflege, kurz alle die Garantien, welche Preußen zu dem gemacht, als was es sich jetzt in harter Probe bewährt hat, werden Euch fortan gemeinsame Güter sein.
Eure kriegstüchtige Jugend wird sich ihren Brüdern in Meinen anderen Staaten zum Schutze des Vaterlandes treu anschließen und mit Freude wird die Preußische Armee die tapferen Nassauer empfangen, denen in den Jahresbüchern Deutschen Ruhmes nunmehr ein neues größeres Blatt eröffnet ist.
Die Diener der Kirchen werden auch fernerhin die Bewahrer des väterlichen Glaubens sein.
Und wenn der Preußische Thron, je länger desto mehr, als der Hort der Freiheit und Selbständigkeit des Deutschen Vaterlandes erkannt und gewürdigt wird, dann wird auch Euer Name unter denen seiner besten Söhne verzeichnet werden, dann werdet auch Ihr den Augenblick segnen, der Euch mit einem größeren Vaterlande vereinigt hat.

Das walte Gott!

Kinderarbeit in Biebrich

Aus einem Gerichtsurteil

Als eine den Angeklagten besonders gravierende Aussage stellt sich diejenige des Zeugen Johann Heeb dar. Dieser Zeuge gibt an, daß ihm aus seiner früheren Beschäftigung auf der Biebricher Glasfabrik die Beschäftigung jugendlicher Arbeiter dort selbst besonders genau bekannt sei. An den zwei in der Fabrik vorhandenen Öfen seien gewöhnlich 28 Kinder beschäftigt, 14 an jedem Ofen, und zwar arbeiteten die sämtlichen Kinder durchschnittlich 13 Stunden pro Tag, von welcher Arbeitszeit nur eine Stunde Pause in Abzug kamen. Die Kinder arbeiteten abwechselnd auch an den Kühlöfen. Dies sei für die Kinder aber die gefährlichste und aufreibendste Arbeit. Die Kinder schrien bei dieser Arbeit oft jämmerlich und habe er, Zeuge Heeb, eines Tages einen Knaben namens Hofmann schreien hören, er halte es nicht mehr aus, worauf der Angeklagte dem Knaben zugerufen habe: „Soll ich dich herausholen und dir hinter die Ohren schlagen?" Zeuge Heeb bekundet sodann, daß von einem Schulbesuch dieser auf der Glasfabrik beschäftigten Arbeiter keine Rede habe sein können, daß der Angeklagte zwar öfters die Errichtung einer Schule auf der Fabrik versprochen habe, daß es aber bis heute noch an einer Schule fehle. Endlich sagte dieser Zeuge noch, daß die Kinder zwar von den Glasbläsern bezahlt wurden, daß sie aber jeden Samstag eine Gratifikation von je 1 Taler aus der Fabrikkasse ausbezahlt erhielten.

Das Gericht hat nach Vorstehendem für tatsächlich festgestellt angesehen, daß der Angeklagte Josef Fritz in den Sommermonaten 1876 einundzwanzig jugendliche Arbeiter (...) auf der Glasfabrik Albertinenhütte zu Biebrich in mehrfacher Beziehung in gesetzwidriger Weise beschäftigt habe. In Anwendung der §§ 128, 129 und 150 des Gesetzes vom 21. Juni 1869 ist daher gegen den Angeklagten wie geschehen erkannt worden: Das Strafmaximum von 15 Mark für jeden vorschriftswidrig beschäftigten Arbeiter erschien angemessen in Betracht der konstatierten Zahlweisen [und der] mit augenscheinlicher Gefahr für das körperliche und geistige Wohl der jugendlichen Arbeiter verbundenen Kontravention gegen die Vorschriften der Reichsgewerbeordnung.

Iranischer Besuch im Jahre 1873

Nasreddin Schah

In Wiesbaden traf ich meinen Gesandten Nazar-Aga, der mich nach London geleiten wird. Er berichtete mir sehr viel über die umfangreichen Vorbereitungen, die man dort für meinen Besuch trifft. Im Volke herrsche große Erwartung und Bereitschaft, mich mit offenen Armen zu empfangen. Man habe sich vorgenommen, alles aufzubieten und alles zu übertreffen, was ich bisher gesehen habe. Oh, ich kenne meine Herren Engländer! Und ich weiß, daß sie mich brauchen. Denn sonst wären sie sicher nicht in einer so großen Geberlaune. Der Bericht über die bevorstehenden Tage durch Nazar-Aga bestärkte mich daher in meinem Wunsch, diese kurze Zeit der Ruhe in Wiesbaden besonders auszunutzen und meine gesegnete Konstitution zu pflegen.
Leider ist dieser Vorsatz nur ein frommer Wunsch geblieben; denn selbst die einfache Gartenstadt Wiesbaden wollte den König der Könige nicht ohne Ehren aus ihren Mauern ziehen lassen. Und das bedeutete neue Anstrengungen für mich. Gleich am ersten Abend hatten hier die Ungläubigen den Einfall, mich mit ihrer Musik auf dem Platz vor dem Palast zu traktieren. Ich habe nun wenig angeborene Liebe für diesen Lärm der Instrumente mit in die Länder der Ungläubigen gebracht. Diese geringe Zuneigung wurde weder in Petersburg noch in Berlin in irgendeiner Weise günstiger gestimmt.
So stellten sich da unten vor meinen Fenstern etliche Musikanten auf und bliesen ihre starken Lungen leer, putzten die Löcher ihrer Instrumente und schmetterten erneut ihre lauten Töne heraus. Aus dem gedruckten Papier, das sie mir ins Schloß geschickt hatten, entnahm Gasteiger, daß sich dieses Blasen und Putzen noch zwölfmal wiederholen sollte. Ich fragte ihn, ob er die Musiker nicht veranlassen könnte, etwas schneller zu spielen. Gasteiger ging hinunter, kam aber mit dem Bescheid zurück, daß sich die Kapelle an ein bestimmtes Zeitmaß halten müsse und nicht anders spielen könne, als ihr vorgeschrieben sei. Dann ließ ich fragen, ob es nicht zu ermöglichen wäre, die noch fehlenden zehn Musikstücke in einem zusammenzufassen und so das Programm zu verkürzen. Gasteiger kam mit einem gleichermaßen verlegenen Gesicht nach oben, ohne eine andere Antwort bereit zu haben, als daß mein Ansinnen unmöglich sei. Diese Leute könnten mich mit ihrer Aufrichtigkeit und ihrem Pflichtbewußtsein zur Verzweiflung bringen. In Iran hat man da eine viel bessere Methode. In solchen Fällen unterschlagen die Musikanten von vorneherein gleich mal die

Hälfte von dem, was sie zu spielen beauftragt wurden, um sich dann im allgemeinen die zweite Hälfte auch noch schenken zu lassen.
Die Musiker hier aber hatten ihre verteufelten Grundsätze. Sie ließen sich nicht einmal in Verhandlungen ein und gingen erst dann wieder fort, als sie alles heruntergespielt hatten. In der Zwischenzeit war ich längst zur Absicherung meiner Ohren im hintersten meiner Gemächer verschwunden und hatte meinen Leuten befohlen, es ebenso zu halten. Nach einer guten halben Stunde kehrte endlich Ruhe ein, so daß ich an Schlaf denken konnte. (...)
Am folgenden Tag veranstalteten sie ein Feuerwerk für mich. Nach langem Zögern entschloß ich mich, es mir anzuschauen. Ich mußte ihnen doch mal die Ehre geben, den guten Leuten der Stadt Wiesbaden. Nach dem märchenhaften Nachtfest in Potsdam, von dessen Zauber ich immer noch zehre, war mit den Raketen, die da in den dunklen Himmel prasselten, bei mir nicht allzu großer Eindruck zu schinden. Trotzdem sah ich mir den Feuerwirbel bis zum Ende an.
Später ließ ich mich in jene Säle führen, die der Stadt einst Weltruf verliehen haben. Da war nämlich jahrelang öffentlich gespielt worden, so nach Landsknechtsart, wie wir es in Iran lieben. Aus allen Teilen der Welt waren die Menschen hierher gekommen, um ihr Geld anzubringen. Der Kaiser hat erst kürzlich diesen kostspieligen, öffentlichen Zeitvertreib, für den viele Leute Hab und Gut eingebüßt haben, verboten. Die Säle sind still geworden; es rollt kein Geld mehr. In einem Raum lärmte ein Musikkasten, den ein Fräulein in Bewegung setzte. In einem anderen spielten zwei ältere Männer unser heimisches Schach, während im nächsten ein Haufen von Tageszeitungen in allen Sprachen gestapelt war. Da sah ich auch einige mit Abbildungen und erblickte in einem Blatt einen stur dreinblickenden Herrn mit einer Lammfellmütze auf dem Kopf. Man sagte mir, dies sei der Schah von Persien. Diesen Mann auf dem Bild müssen meine Feinde während meiner Abwesenheit von Teheran auf den iranischen Thron gesetzt haben. Mir war er auf jeden Fall unbekannt.

Einstellung des Spielbetriebs 1873

C. Spielmann

Am 23. XII. 1873 unterzeichnete der Gemeinderat der Stadt Wiesbaden, und am 30. XII. die Königliche Regierung, Abteilung für Domänen und Forsten, den Vertrag und beauftragte den Kurverwalter, Geh. Reg.-Rat Hendel, der Gesellschaft davon Mitteilung zu machen. An demselben Tage hörte das Spiel auf. Man hatte bei dem gewaltigen Andrange der Spiellustigen in der letzten Woche Exzesse befürchtet, die am letzten Tage eintreten würden, und die Spielgesellschaft, welche die Direktoren Dr. Schwendt und Reis zu Liquidatoren ernannt hatte, gab diesen anheim, die Säle einen Tag früher zu schließen. Auch die Polizeimannschaft war bedeutend verstärkt worden. Die Kurmusik unter dem berühmten und beliebten Kapellmeister Bela Kéler spielte als letzte Stücke sehr charakteristisch: „Die letzten Glücksstunden" und „Die Glücksgöttin", beide von Kéler selbst komponiert. Schlag 11¼ Uhr abends fiel die Kugel der Roulette zum letzten Male. Die Spielgeräte wurden entfernt, und sofort begannen die Arbeiter, das grüne Tuch der Spieltische abzutrennen. – „Rien ne va plus!"
Am Tage darauf kamen von Homburg und Ems ganze Scharen von Spiellustigen nach Wiesbaden, wo sie die Bank noch offen glaubten. Sie fanden aber alles leer und zogen verärgert, zum Teil unter wilden Verwünschungen wieder ab.

Französischer Nationalfeiertag 1924 in Wiesbaden

General H. Mordacq

Als ich nach Wiesbaden zurückkehrte, näherte man sich dem 14. Juli. Ich legte Wert darauf, dieses Mal dem Nationalfest einen ganz besonderen Glanz zu verleihen. Wußte ich doch in der Tat, daß die Deutschen sich allenthalben erzählten, daß die Rheinlandtruppen seit der Besetzung des Ruhrgebiets nur noch einen Schatten darstellten und

daß die Instruktion dieser Truppen wegen des passiven, später aktiven Widerstandes gar vollständig vernachlässigt worden wäre, kurzum, daß diesen Truppen, die in dem Rufe standen, die bestausgebildetsten und eingeübtesten der französischen Armee zu sein, kein höherer Wert zugesprochen werden könne als den in Frankreich garnisonierenden Soldaten.
So setzte ich denn Parade an mit Maßgabe, daß die im vorhergegangenen April eingezogenen „Bleuets" (blutjunge Soldaten) daran teilzunehmen hätten. Man machte diesen klar, was die Deutschen munkelten, und was man infolgedessen von den Soldaten erwarte.
Diese „Bleuets" zeigten sich denn auch bei der Parade wie „alte Soldaten". (...) Sehr viele Deutsche sahen der Parade zu, einmal deshalb, weil seit langer Zeit eine solche Veranstaltung nicht mehr stattgefunden hatte, dann aber auch, weil sie sich der Erwartung hingaben, nur sehr minderwertige Truppen vorbeidefilieren zu sehen im Vergleich zu denen, die sie bis dahin zu bewundern gewohnt waren. (...)
Nach der Parade widmete ich im kaiserlichen Schloß, nach alter Überlieferung, sämtlichen mit der Ehrenlegion und der Militär-Verdienstmedaille neu Dekorierten den Ehrentrunk.

Nachkriegszeit in Wiesbaden

Walter Kempowski

Bis 9 Uhr irrte ich in der Stadt herum.
Snack Bar
No loitering!
Kippensammler und Straßenkreuzer.
Ecke Friedrichstraße war das Gefängnis. Da saßen Schieber und Schläger. Da hörte man manchmal welche schreien. Mördern, denen würde die Kleidung in rote Farbe getunkt, wurde erzählt. (64 Dollar, das war die Strafe fürs Fraternisieren. „Die 64-Dollar-Question.")

In der Wilhelmstraße gab es Antiquitätengeschäfte mit dicken Goldarmbändern im Fenster, aus zweierlei Gold.
Chrysler oder Fords fuhren über die dampfenden Gullis.
Hinten sahen sie aus wie vorn.

An das Kurhaus kam man nicht heran: Nur für Amerikaner.
Daneben das Theater mit der wiederhergestellten Kuppel. Wochenlang hatten die Wiesbadener sich über das modische Deckengemälde aufgeregt.

Hausdächer ankucken: Hermesköpfe, Bismarckmedaillons. Oder die Schaufenster der Briefmarkenläden.
Am Pay Day kauften die Amerikaner Nazibriefmarken als Souvenir, obwohl das natürlich verboten war.
Oben auf dem Dach des Wiesbadener Kuriers stand ein grüner Bronzemann, der kuckte unentwegt in ein grünes Buch, auf dem WK stand.

Zwischendurch wärmte ich mich in der Hauptpost auf. Da rotzten die Leute in den Papierkorb.
„Kamerad, hast du nicht 'ne Kippe für mich?"
Döstechnik.

Um 9 Uhr wurde der Wartesaal am Hauptbahnhof geöffnet. Hier überbrachte mir Schwesinger das erste Sandwich-Paket. Weißbrot mit dick Butter und Corned Beef.
„Na, how are you? Haste dich schon'n bißchen eingelebt?"

Gegen Mittag ging ich dann ins Café Bluhm, Zeitung lesen: In den USA würden 7 Babies in jeder Minute geboren, stand da drin. Und: Eine Strumpfwirkerin sei in Chemnitz zu 10 Jahren verurteilt worden, weil sie 5 Paar Strümpfe gestohlen habe. Überschrift: Drakonische Strafen. Die vereinigte Ärzteschaft veröffentlichte einen Aufruf: Heimkehrer-Diät! Entlassene Kriegsgefangene sollten sich vor Fett hüten.

Das Café Bluhm war halb eingestürzt. Feine Herrschaften saßen da, mit Wermut in den Tassen statt Muckefuck. Die braune Kellnerin beachtete mich nicht, obwohl ich sie jedesmal starr ansah.

Um 1 Uhr kam Fritz hereingehetzt und brachte mir das zweite Paket Sandwiches. „Bis nachher!" Schscht! war er wieder draußen. The man in black.

> Ein Herr Dingis,
> der weiß nicht was Swing ist!
> Der kennt kein Radio
> und auch kein Telefon ...

Ob er nicht mal was anderes drauflegen könne als immer Corned Beef.

Nachmittags ging ich die abgeblätterten Platanen-Alleen entlang oder in den „Pariser-Hof" zum Baden. Oder ins Gericht, Spruchkammerverfahren mitanhören. Ein Dachdecker kriegte 2 Jahre Arbeitslager, weil er einen Juden denunziert hatte.

Landeshauptstadt von Groß-Hessen

Franz Götting

Früher gereichte der Stadt das Rheumabad zum Ruhm. Heute möchten neidische Nachbarn damit die Eignung zu größeren Aufgaben in Zweifel ziehen; denn Wiesbaden ist Landeshauptstadt des neu gebildeten Staates Groß-Hessen geworden. Hier zuerst bildete sich nach dem Zusammenbruch eine Verwaltung, die den gesamten Bereich des Regierungsbezirks umfaßte; dann wählte die Besatzungsmacht die Stadt zum Sitz der Militärregierung für ganz Hessen, und so wurde Wiesbaden Sitz der neuen Staatsregierung.

Einst war das Bad die Quelle des Wohlstandes, des Reichtums der Stadt, das Bad und die einzigartige Lage zwischen Taunus und Rheingau, wo der Frühling eher Einzug hält als irgendwo sonst in deutschen Landen. Das Ideal des dolce far niente erfüllte die weiche Luft der gepflegten Stadt, Badegäste aus aller Welt und die vielen, die sie sich zum Ruhesitz ihrer alten Tage erwählt hatten, prägten ihr geistiges Gesicht. Krieg und Nachkrieg haben Wiesbaden jäh aus diesem Traum gerissen, und eine tiefgehende Wandlung setzte ein. Zwar spendet die Natur noch ihre Gaben wie seit Menschengedenken, doch fehlt es an einladenden Stätten, Gäste in größerer Zahl und entsprechendem Rahmen aufzunehmen. Wenn auch die Stadt besser den Krieg überstanden hat als Frankfurt und Darmstadt und Kassel – Wiesbaden verlor nur etwa ein Drittel seines Wohnraums –, so ist es doch keine Kleinigkeit, 183 000 Einwohner (das ist fast so viel wie vor dem Kriege, wenn man die neuen Eingemeindungen Kastel, Amöneburg und Kostheim hinzurechnet) unter Dach zu bringen und dann noch für den großen Apparat der amerikanischen und deutschen Regierungen und

Stäbe Büro- und Wohnraum zu schaffen. Die Wohnungsnot ist darum so dringend wie überall. Die Staatsregierung mußte ihre Ministerien über die ganze Stadt verteilen.
Gerade das Kurviertel hat am meisten unter dem Krieg gelitten, und was erhalten blieb – wie Kurhaus und Theater –, steht heute der Besatzungsmacht zur Verfügung. Ebenso ist es mit den großen Hotels um den Kochbrunnen. Von der sprichwörtlichen „vornehmen Ruhe des Weltbades" ist wenig geblieben. Der Autoverkehr wächst stetig. Die schöne Reisingeranlage zwischen Bahnhof und Stadt ist in einen Motor-Pool verwandelt. Der Wind wirbelt hohe Staubwolken über die Straßen und der Lärm wird noch vermehrt durch die polternden und pfeifenden Schuttzüge, deren Schienennetz die ganze Stadt durchzieht. Aber man erträgt diese Unruhe gern, da man mit Befriedigung feststellen kann, daß der Schutt mehr und mehr verschwindet. Morgens um sieben Uhr schon rattern die Loren durch die Straßen und überschaut man von einem erhöhten Punkt, etwa dem Dach der Landesbibliothek, die Stadt, so sieht man mit Freude, wie sich langsam Wunden schließen, mit Blech gedeckte Häuser in der Sonne aufglänzen, aufgerissene Häuserwände vermauert werden. (...)
Womit sucht nun die Stadt den Ausfall des Kurbetriebes wettzumachen? Wiesbaden ist durch Zufall wie bekannt Verlegerstadt geworden und will diese Chance an den größeren Nachbarn nicht verspielen. Es haben hier Zweigstellen aufgemacht, beziehungsweise sind gänzlich umgesiedelt: Die Insel, Brockhaus, Diederich, Breitkopf & Härtel und Thieme (um nur die bedeutendsten zu nennen). Die Aufgabe der Stadt wird es nun sein, durch Förderung des Druckgewerbes die Verleger an Wiesbaden zu binden.

Sehenswürdigkeiten einst und heute

Das Rathaus und der Marktplatz

Gottfried Anton Schenck

Das Rathhaus stehet in der eigentlichen vormaligen kleinen Stadt des Wißbads, und zwar an dem Marckt-Platz derselben. Das gantz alte vormalige Rathhaus der Stadt hat, L. U. neben dem Gast-Hause zum Einhorn gestanden, und hat die Höttin oder die Hütte geheissen. Es kommt dieses alte Rathhaus schon um das Jahr 1400 in den Wißbadischen Urkunden vor, und weil es in denselben gemeiniglich heisset: die Burger der Stadt wären zusammen gekommen unter der Hütten, so scheinet es fast, als ob etwan damals ein Vorschoppen oder Vor-Gebäude vor diesem Haus, darunter sich die Bürger bequemlich haben versammlen können, gestanden, und daher dieses Haus den Nahmen der Hütten überkommen habe. Als solches in der Mitte des 16. Jahrhundert dem Stadt-Gerichte bey seinen vorgekommenen Verrichtungen zu klein gefallen, so hat man zwar ein anderes gemeines Stadt-Haus mittlerweil zu einem Rathhaus gewählet, solches aber bald hernach dem regierenden Landes-Herren, Grafen Balthasarn, auf dessen Begehren, abgegeben, welcher es so denn abbrechen, und nach Nauroth hat versetzen lassen. Er hatte versprochen, der Stadt so fort ein neues Rathhaus zu erbauen. Er ist aber bald hernach Todes verfahren, und dadurch die Erfüllung dieses Versprechens sehr in das Stecken gerathen. Daher das Stadt-Gerichte wiederum seiner alten Hütten sich hat bedienen müssen. Bis endlich in dem Jahr 1609 der regierende Graf von Nassau-Saarbrücken, Ludwig, als damaliger neuer Landes- und Stadt-Herr, einen bequemen Platz, zur Errichtung eines neuen Rathhauses, abgegeben hat. Es heisset dieser Platz in den Urkunden hiervon der Hattsteinische Platz. Und hat er diesen Nahmen daher gehabt, weil derselbe und die darauf ehedem gestandene Gebäude vormals dem Geschlechte derer von Hattstein zugehöret haben. Es wird auch zugleich in den gedachten Urkunden gemeldet, daß dieser Platz vornen an den Marckt-Platz, hinten aber an die Stadt-Mauer gegräntzet habe; und diese ist eben diejenige Stadt-Mauer, welche vormals den besondern Theil der Stadt, der sich von dem Uhr-Thurn an, bis an das Stadt-Thor, obgemeldter massen, in einer Rundung erstrecket hat, umgeben, und damals die Stadt-Mauer ist genennet worden. Es ist also auf diesen wohl-gelegenen Platz, in dem gemeldeten 1609 Jahr, ein gantz neues Rathhaus erbauet, und dasselbe nicht nur mit geräumlichen Gemächern, sondern auch mit drey grossen und brauchbaren Kellern (welche in dem warmen Wißbaden nicht überall angerichtet werden können) versehen worden. Vor dem Rathhause, auf dem freyen Marckt-Platz, wird von dem Stadt-Gerichte, wenn etwan ein Uebelthäter zum Tode verurtheilet ist, das Blut-Gerichte über denselben an einer, mit einem rothen Tuche bedeckten, Tafel gehalten, und, der alten Gewohnheit nach, der Stab gebrochen. Auch werden auf diesem vor dem Rathhause befindlichen ziemlich grossen und ansehnlichem Marckt-Platze, von alten Zeiten, die gewöhnliche Wochen Märckte, wie auch jährlich die vier grosse Jahr-Märckte, der erste Mittwochs nach Jubilate, der zweyte M. nach Johannis, der dritte M. nach Michaelis, und der vierdte M. nach Andreas-Tag gehalten. Es sind diese so Wochen- als Jahr-Märckte schon vor vielen hundert Jahren in Wißbaden im Gang gewesen, und ist das Recht, dieselbe anzulegen, ehemals unmittelbar von den Teutschen Kaysern, (wie ohnehin damals überall in Teutschland gewöhnlich war) L. U. erhalten worden. Es haben auch keine andere Oerter solches Recht damals erhalten können, als die Städte. Daß auch diese Jahr-Märckte vormals in unserer Stadt in sehr grossem Flor gestanden, und ein weitläufiges Gewerbe auf denselben getrieben worden, das ist ebenfalls aus U. deutlich genug zu ersehen. Wie denn auch noch um das Jahr 1700 – die vier benennte Jahr-Märckte der Stadt jedesmal zwey Tage lang gewähret haben, und von grossem Umfang und Wichtigkeit gewesen sind.

Die alte Stadtkirche

J. P. Zimmermann

Die Stadtkirche wurde im Jahr 1488 erbaut, wie ein dort eingemauerter Stein uns benachrichtigt; seine Aufschrift ist:

Uf Sanct Valentis Tag
De erste Stein gelacht
Mät das sag ich üch noch mä
Da man screb 1488.

Wahrscheinlich war eine ältere Kirche um diese Zeit zu klein und baufällig geworden. Bei einer Feuersbrunst im Jahr 1547 wurde die neue Kirche stark beschädigt, in den folgenden Jahren aber wieder hergestellt und sogar erweitert. Das Innere ist geräumig und freundlich. Eine Hauptzierde ist die große und schöne Orgel, welche aus der im Jahr 1803 aufgehobenen Abtei Eberbach hierher versetzt wurde. Von Alterthümern bewahrt die Kirche außer zwei Grabsteinen, im hintern Chore, sonst nichts. Die Glasmalereien und andere alte Grabsteine sind bei den jüngsten Reparaturen entfernt worden. Diese beiden im Chore eingemauerten Grabsteine wurden schon frühzeitig aus dem sequestrirten Frauenkloster Clarenthal hierher versetzt. Der eine, ohne Inschrift und weitere Verzierung, stellt eine weibliche gekrönte Figur mit auf der Brust gefalteten Händen dar und daraus schließt man, vielleicht etwas voreilig, auf den Grabstein der Imagina, Kaiser Adolphs von Nassau Gemahlin, aus deren Stiftung jenes Kloster hervorgegangen ist. Auf dem andern befindet sich ein geharnischter Ritter, ebenfalls mit auf der Brust gefalteten Händen, welcher, nach der Umschrift in Mönchscharakteren, Graf Philipp von Nassau-Weilburg ist, der im Jahr 1429 zu Wiesbaden starb. An der Außenmauer ist noch ein Grabstein in Kreuzesform vom Jahr 1382, seines Alters wegen, sehenswerth.

Gutachten über den Bau eines neuen Kirchturms der Mauritius-Kirche

Egidius Hellmund

Habe solches nach vorgängigem Gebeth nach allen Umständen reiflich überleget und meine ohnmassgebliche Meynung sowohl ex officio alss pro conscienta nachfolgender massen pflichtmässig ohnverhalten sollen als: 1. finde, dass der Thurm Bau noch z. Zeit nicht nöthig sei, gestallten ohnlängst einen verständigen und unpartheyischen Zimmermann, nahmlich J. G. Rauschen, Bürger und Zimmermeister dahier, der das hiesige Waysenhauss gebauet, sowohl den Kirchthurn als auch den Glocken-Stuhl in demselben biss in das Kleine Thürnchen, in welchem das Beth-Glöckgen hänget, aufs genaueste besehen lassen, welcher auf sein gewissen bezeuget, wasmassen auch wohl in 100 Jahren Keine Gefahr oder Einfall zu besorgen sei, indem alles aus lauter gutem u. starckem Holtzwerk bestünde u. gar nichts zur Sache thäte, obgleichen bey denen Schall-Löchern hie oder da eine Ecke von einem oder dem andern Holtze vom angeweheten Regenwasser bespritzet u. etwas weniges auswendig faul worden. Hierzu kommt nun auch die Bekannte grosse u. ungemeine Probe von der Vestigkeit dieses Gebäudes, die Gott selber vom Himmel herab geschicket, in dem der neulich grosse Sturmwind, ohnerachtet Er so vielen Schaden an den Häusern der Stadt gethan, auch soviele grosse Bäume in hiesigem Walde sampt der Wurtzel aus der Erde gerissen u. kein Gebäude in der ganzen Stadt der grausahmen Wuth dieses Sturmwindes soviel exponirt gewesen, als eben dieser Kirch- oder Glocken-Thurn, gleichwohl das Kleine u. höchste Thürnchen, in welchem das Beth-Glöckgen hänget, nicht von demselben zerbrochen werden können ... 2. Hat man hier vor allen solchen Dingen gar verschiedene Noth-Sachen zu besorgen, die dem Thurnbau sehr weit vorzuziehen sind, gestallten solche die Religion, den Gottesdienst und die ewige Seeligkeit sovieler Seelen angehen z. e. die Ausbauung des Kirchen-Chors, welche nun etliche u. 20 Jahre zum nicht geringen Anstoss der fremden Curgäste, die damahls zum Kirchenbau gesteuret haben, u. bis dato sehen müssen, dass das Chor noch immer einer alten Scheuer mehr, als einem Kirchen-Chor gleich siehet. ... Ingleichen wäre sehr nöthig, dass der vor 20 Jahren angefangene Schul-Bau vollzogen würde .... Geschweige dass auch Pfarr-Häuser nöthig wären u. ausser der Inspectur keines vorhanden ist. Wiewohl das allernöthigste, woran Gott am allermeisten gelegen ist, dass wegen der allzu grossen Menge derer Teudschen Schulknaben, welcher der zeitliche Cantor allein gegenwärtig 152 hat u. ohnmöglich mit Nutzen informiren kann, noch ein tüchtiger teudscher Praeceptor bei der Stadt-Schule angenommen würde, der dem Cantori zum wenigsten 50 oder 60 abnehmen (...) könnte, dazu aber jährlich aufs wenigste zu seinem jährlichen Unterhalt 50 Rthlr. Besoldung gegeben werden müssten, an welcher höchst nöthigen Veranstaltung nach unserer Christlichen Lehre weit mehr gelegen ist als an allen Kirch-Thürnen im gantzen Lande, die man doch sonst eben nicht verwerffen will.

Brand der Mauritiuskirche 1850

Gustav Kieme

Was deutet jene Hast der Menschenmenge,
Die bangen Rufes durch die Straßen rennt?
Was von dem Thurm die schauerlichen Klänge?
Sie künden uns den Schreckensruf: Es brennt!
Und Jeden rührt's, als man den Ort verkündet,
Den leuchtend zeigt die Feuersäule an:
Im hohen Kirchenthurm hat es gezündet,
Und prasselnd schlägt die Flamme himmelan.

Und wieder höret man den Ruf erschallen:
Es brennt, es brennt in unserm Gotteshaus!
O rettet die geweihten Kirchenhallen,
Schon schlägt die Flamme zu dem Dach heraus.
Und Mittag ist's, und in dem Sonnenbrande,
Die rothen Flammen schürend, weht der Wind;
Zu helfen ist nicht Menschenmacht im Stande,
Die Elemente in Empörung sind.

Und wachsend von Minute zu Minute,
Bedroht die Gluth, die mächt'ge mit Gefahr
Die Stätte, wo die früh Verblichene ruhte,
Die, ach zu kurz, des Landes Mutter war.
Doch Dank dem Himmel, daß man hat gerettet
Die theure Hülle, die das Chor umfing,
Und daß, die hier zur kurzen Ruh gebettet,
Im wilden Flammenmeer nicht unterging.

Sieh dort – o Himmel bau' ihm eine Brücke –,
Dort unterm Dache klettert noch ein Mann!
Es droht der Thurm, der alle Augenblicke,
Tod und Verderben bringend, stürzen kann,
Und weiter brennt's und Feuerfunken sprühen
Hoch über Thurmesknauf und Hahn hinaus;
Die erznen Stangen und die Glocken glühen,
Und niederstürzt der Thurm mit wildem Graus.

Die Glocken, die uns einst zusammenriefen
Zur Stätte, wo den Höchsten man verehrt,
Die Orgel, deren Andachtston die Tiefen
Der Brust durchdrang, sind von der Gluth verzehrt.
O Glockentöne, die so lieblich klangen
In unser Ohr vom hohen Wolkenthron,
O Orgeltöne, die das Herz durchdrangen,
Wir hören nicht mehr euren trauten Ton.

Ihr heiligen, ihr hohen Kirchenhallen,
Die unsre Ahnen im Gebet geseh'n,
Die hörten unsrer Väter Kindeslallen
Und ihrer Väter brünstig frommes Flehn;
Wo unsre Aeltern baten eng verbunden
Um Himmelstrost in dieses Lebens Schmerz,
Und wo Erbauung hat und Trost gefunden
Auch unser und der Unsern banges Herz.

In Schutt und Asche seid ihr hingesunken,
Er ist nicht mehr, der heilige Altar,
An dessen Stufen wir einst andachtstrunken
Vor Gott geknieet, eine Kinderschaar;
An dessen Stufen unsre Väter knieten,
Die längst im Schoos des kühlen Grabes ruh'n,
Sie fanden Andacht hier und Seelenfrieden
Und Kraft zu ihrem mühsam ernsten Thun.

Und unser Bischof in den Silberhaaren
Der Tausenden der Wahrheit Lehrer war,
Er, der vor siebenzig und sieben Jahren
Die Taufe hier empfangen am Altar,
Der Kranke muß am Abend seines Lebens
Das Heiligthum ein Raub der Flammen sehn.
Doch wirket auch die Stätte seines Strebens,
Sein Wirken selbst wird ewighin bestehen.

Die Hallen sind zerstört – und dennoch sendet
Gebete dankbar heut zu dem hinauf,
Der größere Gefahr hat abgewendet
Und Halt gebot der Flammen wilden Lauf,
Der jedes Menschenleben hat behütet,

So dräuend und so groß auch die Gefahr,
Und, wo die Gluth, zerstöret hat gewüthet,
Doch überall ein treuer Helfer war.

War's nicht, als spräch es flüsternd aus den Flammen,
Wie eine Stimme aus des Himmels Höh'n:
„O Menschen, haltet liebend doch zusammen
Und laßt des Glaubens Wort nicht untergehn!"
Wars nicht ein Fingerzeig' aus jenen Höhen,
Der aus dem Tempelbrand herniederklang?
O Brüder, laßt uns jenen Ruf verstehen,
Und Glauben halten unser Leben lang.

Und ist die Religion das Gut im Leben,
Das Ruh im Glück und Trost im Leid gewährt,
So laßt uns mit vereinten Kräften stehen,
Ein neues Haus zu bau'n, wo man sie ehrt.
O mög es bald empor zum Himmel ragen!
Mit Gott beginnt, mit Gott auch baut es aus,
Und möge jeder gern sein Schärflein tragen
Zu jenem neuen heiligen Gotteshaus.

Festlied zur Einweihung der Marktkirche am 8. November 1862

Macht weit des Hauses Thore!
Geht ein zum Heiligthum!
Ein Lied in Höh'rem Chore
Stimmt an zu Gottes Ruhm.
Preist ihn mit tausend Zungen,
Die von den heil'gen Höhn,
Bis unser Werk gelungen,
Mit Gnaden drein geseh'n!

Doch Du Herr wollst Dich wenden
Zum Volke, das hier steht,

Das mit erhob'nen Händen
Um neuen Segen fleht.
Kehr ein in unsere Mitte,
Der Du im Lichte thronst.
Weih dieses Haus zur Hütte,
Da unter uns Du wohnst.

Es sei an diesem Orte,
So oft wir betend nah'n,
Uns Deines Himmels Pforte
Im Glauben aufgethan!

Gieß Vater, dann in Fülle
Auf uns des Geistes Kraft,
Der unserer Seele Stille
In Deinem Sohne schafft.

Bau als lebendige Steine
Uns selbst zum Tempel Dir,
Und salbe die Gemeine
Zum Priesterthum, daß wir
Als Opfer uns bereiten,
Wie Dir's gefällig ist,
Bis sich mit seinen Freuden
Dein Zion uns erschließt.

Der Uhrturm

G. H. Ebhardt

Er war in den ältern Zeiten, als nur die damahls sogenannte eigentliche Stadt befestigt war, das obere Stadtthor, hieß aber, weil die Stadtuhr darauf befindlich ist, gewöhnlich der Uhrthurm. Von ihm ging eine Brücke über den Graben in die damahlige Vorstadt; diese Brücke ward aber im Jahr 1567 überwölbet, und liegt nun unter dem Straßenpflaster versteckt. Dem Umstande, daß sich die Stadtuhr auf diesem Thurme befindet, hat er es zu verdanken, daß er bei den Erweiterungen der Stadt nicht weggeschafft, sondern sogar noch in dem Jahr 1753 mit einem Stockwerke vermehrt worden ist. Seine Bauart ist zwar gefällig genug, indessen wäre es doch zu wünschen, daß er nicht da stünde, weil er die Straße ganz verengt, und so lange er steht, keine rechte Auffahrt auf den Markt zu erhalten ist. Es wohnt der Stadtthürmer darauf, der in der Nacht alle Viertelstunde seine Wachsamkeit durch ein einfaches Zeichen zu erkennen gibt.

Der „Saal"

Philipp Weber

Neben dieser großen Mauer ist noch ein anner Antiquität, ein Ort, welchen die Einwohner den Saal nennen. Es sind vier Mauren als wann es ein Fundament eines alten Schlosses were, und dieses wird in Sonderheit der Saal genennt, aber die umbliegenden Weingarten, Äkker und Wiesen, werden auch in dem Saal genennet, also daß die vier Mauren, das Schloß, die umbliegende Örter aber das Vorgebeuw und Vorhoff gewesen seyn scheinet.

Die Badehäuser

(Aus „Reichards Passagier")

Der Badehäuser sind 24, ohne das Hospitalbad und das öffentliche Bürgerbad. Das Rebhuhn und der halbe Mond blos für jüdische Kurgäste. Der englische Hof, der Schützenhof, der Adler, die Rose, der Bär, der schwarze Bock, und das neue und schöne Gast- und Badehaus zu den vier Jahreszeiten, sind die bedeutendsten Badehäuser. Sämmtliche können Kurgäste aufnehmen, Gastgerechtigkeit haben aber nur die 3 zuerst genannten und das letztere. Außerdem die Gasthöfe zum Einhorn, Stadt Frankfurt, goldene Lamm, weiße Lamm, 3 schwedische Kronen usw.; 1831 zählte man in Allem über 700 Badecabinette, ohne die Wannenbäder, und allein in den eigentlichen Badeanstalten mehr als 900 zur Aufnahme von Kurgästen bestimmte Zimmer. Im weißen Löwen oder Römerbade ein Gewölbe, welches für ein römisches Schwitzbad gehalten wird.

Im „Deutschen Pisa"

Carl Julius Weber

Wiesbaden gehört unter die recht eigentlichen Badeorte, denn man besucht es, wie den Teich Bethesda, das Wildbad in Würtemberg oder Pfeffers in der Schweiz – nicht um des Vergnügens, sondern um der Gesundheit willen, und daher mußte man früher, wo noch wenig für das so wirksame Bad geschehen war, durchaus Kranker oder wenigstens Frankfurter sein, wenn man nicht vor Langeweile krank werden wollte; ein Fremder war wie ein Fisch auf trockenem Boden, und wie der Regentropfen im Rhein. Pfeffers findet man übrigens in allen Bädern wieder, denn die Leutchen haben ¾ Jahr lang keinen Pfeffer, wenn sie solchen nicht im Sommerviertel sammeln. Wiesbaden ist unser deutsches Pisa. Ob es wahr ist, daß ein Britte, der gerne noch vor Ablauf des Sommers in Italien gewesen wäre, die gewöhnlichen 30 Bäder auf Einmal eingenommen, indem er 15 Stunden im Bade sitzen blieb? . . .

Der Abfluß des Kochbrunnens gibt einer Straße den Namen Sommergasse, weil man hier nie Schnee und Eis findet, und die heißen Quellen, deren vierzehn sind, in 25 Badehäusern vertheilt (die wohl etwas eleganter sein dürften, das zu den vier Jahrszeiten, wo 42 Bäder sind, und zur Rose ausgenommen) werden auch in der Küche zum Backen, Brühen etc. gebraucht, aber zum Waschen des Linnen taugen sie nicht wegen des Okers, man müßte sich denn in die Isabellfarbe verliebt haben, allerliebst aber waschen sich blaue Zeuge und Nanquin. Die Quellen sind so reich, daß ihr Abfluß 4 Mühlen treibt, und dann in den schönen, fischreichen warmen Teiche sich sammelt, wo den Karpfen

die große Blutmasse zu statten kommt, die von den Schröpfmeistern in die Abzugsgräben geschüttet wird. Wer vor fettem Gottesacker Obst, und vor Blutwurst nicht eckelt, dem eckelt auch nicht vor den fetten Blutkarpfen – es ist ja Menschenblut!
Als ich (1802) das Bad eigentlich gebrauchte, war ich noch jung, und daher ein Ueberall und Nirgends, mehr zu Mainz, als zu Wiesbaden, und mehr auf den Höhen, als im Thale, wo Helios von oben und Vulkan von unten einheitzet – aber in dem heißen Sommer 1826, machte ich mich als Sechsziger auch wieder davon, denn die Hitze schien mir westindisch. Wiesbaden ist wie gemacht für Leute, die nie – warm werden, und für das Alter. Maupertuis paßte nicht dahin, der bekanntlich unter seinen komischen gelehrten Hypothesen auch die aufstellte, daß wir es wieder zum Patriarchen-Alter bringen könnten mittelst – Verstopfung der Schweißlöcher! Wiesbaden und verstopfte Schweißlöcher wären schon die Hölle hienieden!

Vom Bahnhof zum Kursaal

Johann August Klein

Vom Bahnhofe kommend überschreitet man die von stattlichen Gebäuden gebildete neue Rheinstraße und tritt dann in die schattigen Baumreihen der langen Wilhelmsstraße, in welcher da, wo die Frankfurter Landstraße sich scheidet, der herzogliche Palast, das sogenannte Schlößchen mit der Landesbibliothek, dem Museum der Alterthümmer, und der Sammlung naturgeschichtlicher Gegenstände und Gemälde liegt. Die Allee weiter verfolgend gelangt man, rechts an zierlichen Landhäusern in Gärten versteckt, links an der langen Häuserreihe vorbei zum Theaterplatze, welcher von den vier Jahreszeiten, dem Hotel Zais, Nassauer Hof und dem Theatergebäude auf drei Seiten eingeschlossen ist. Auf der vierten erblickt man in einiger Entfernung über einem sanft ansteigenden Wiesenplan, der auf beiden Seiten mit Alleen und Blumenbeeten eingefaßt ist, das Gebäude des Kursaals mit seinem mit sechs hohen ionischen Säulen verzierten Porticus, an den sich in der Verlängerung rechts und links Säulengänge anschließen, die nach den beiden Seitenpavillons führen. An diese stoßen im rechten Winkel wiederum lange geräumige Säulenhallen. Sie sind der Bazar von Wiesbaden; man findet die kostbarsten Gegenstände, zum Verkauf geschmackvoll geordnet, hier aufgestellt.

Das Kurgebäude

Johann Isaac von Gerning

Dieser geschmackvolle Kurpalast, der doch erst in Jahrtausenden – vielleicht eine schöne Ruine darstellen wird, ist von 1809 bis 1810 erbaut worden, und steht nun in vollendeter Pracht. Beym Anschauen dieser Säulenhalle fühlt man sich verzaubert nach Griechenland oder Italien. Alles ist einfach schön im edlen antiken Stil und ganz besonders von Aussen. Im Inneren des Kursaales wurde wohl Einiges verfehlt, aber leichter ist Tadeln als Bessermachen. Sechs große Ionische Säulen von Sandsteinen und 24 kleinere tragen die 220 Fuß lange, mit Buden versehene Vorhalle. Den mittleren Hauptsaal, der 130 Fuß lang und 60 Fuß breit ist, schmücken 24 Korinthische Säulen (jede 14 Schuh hoch und 14 bis 17 Zoll dick), von buntem oder Conchylienmarmor gebildet, aus den Steinbrüchen von Vilmar unweit Selters. Vier andere große Säulen dieser Art, wovon zwey aus einem Stücke sind, stützen die Herzogliche Schauloge, hinter welcher sich zwey geschmackvolle Zimmer befinden. Die stattlichen Tische sind vom nämlichen heimischen Marmor. Die zierlich ausgeführten Wand- und Deckengemälde sind vom Decorationsmaler Heideloff aus Weimar. Neue Spiegel und marmorirte Wände verschönern diesen Saal nebst 21 nachgebildeten Marmorbüsten und Statuen von Franzoni zu Carrara; unter den letztern befindet sich die schöne Copie der Bildsäule des Apollino, im Jahr 1787 von C. F. Ghinard in Rom, aus Carrarischem Marmor, für Vergennes verfertigt.

Den ersten Plan zu einem solchen Gebäude machte von Wolzogen aus Weimar, der 1809 an den Heilquellen dahier starb. Zais, ein Würtemberger, ist der Baumeister von dieser Prachthalle, die eine Kaiserstadt zieren könnte. Ja! stünde sie auch, wie man bemerken wollte, nicht im Verhältnisse von Wiesbaden, so bleibt sie doch in demjenigen des Heilortes und classischen Bodens, der ihrer würdig ist. Passend und antik-einfach ist die (wenn schon gerade nicht teutsche) goldene Inschrift über dem Haupteingange:

FONTIBUS MATTIACIS. MDCCCX.

Schattengänge mit reizenden Anlagen und Teichen, auf einem Raume von dreyßig Morgen Landes, umgeben diesen durch seine schöne Natur doppelt bezaubernden Ort.

Denkmäler, Parks, die griechische Kapelle

Karl Baedeker

Vom Bahnhof gelangt man nördlich in die neue Kaiserstraße. Rechts das neue Museum, mit der städtischen Gemäldegalerie, Altertümer- und naturhistorischen Sammlungen. Weiter in die Platanenreihen der die innere Stadt östlich begrenzenden Wilhelmstraße, des Korsos von Wiesbaden. Rechts der Bismarckplatz, mit einem Bronzestandbild Bismarcks, von Herter (1898). In den Parkanlagen beim „Warmen Damm" ein Marmorstandbild Kaiser Wilhelms I., von Schilling (1894). Weiter das 1892—94 erbaute Königl. Theater, davor ein Marmorstandbild Schillers, von Uphues (1905).

Die Wilhelmstraße endet beim Kaiser-Friedrich-Platz, mit einem Bronzestandbild des Kaisers, von Uphues (1897). Rechts zwischen den Kolonnaden, der Kursaalplatz, mit dem 1907 von F. v. Thiersch erbauten, im Innern glänzend eingerichteten Kurhaus.

Im Kurpark, der besonders während der Nachmittagskonzerte belebt ist, ein Marmorstandbild Gustav Freytags († 1895), von Schaper (1905). Die Fontäne in der Mitte des Weihers schleudert ihren Strahl 30 m hoch empor. Südöstlich schließen sich an den Kurpark hübsche Villenstraßen mit dem Augusta-Victoria-Bad.

Vom Nordende der Wilhelmstraße zieht sich die Taunusstraße nach dem anmutigen Nerotal zu. Links die Kochbrunnen-Anlagen und die Trinkhalle, in der unter einem Pavillon die bedeutendste der 24 Wiesbadener warmen Quellen, der Kochbrunnen, entspringt (69 Grad Celsius).

Südwestlich gelangt man über den Kranzplatz in die Langgasse, die Hauptverkehrsstraße des älteren Stadtteils. Rechts seitwärts das

städtische Kaiser-Friedrich-Bad von Pauly (1913), mit der Adlerquelle (65 Grad Celsius).
Von der Mitte der Langgasse führt rechts die Kirchhofgasse hinauf zu der aus römischer Zeit stammenden sog. Heidenmauer.
Den Marktplatz umgeben: das von Hauberrisser 1884–87 erbaute Rathaus, die evangelische Marktkirche, 1853–62 aufgeführt, das königliche, ehemals herzogliche Schloß, 1837–40 erbaut, 1883 hergestellt (davor ein Bronzestandbild des Prinzen Wilhelm I. von Nassau-Oranien, von Schott, 1908) und das Militärkurhaus „Wilhelms-Heilanstalt".
Die 1844–49 erbaute katholische Bonifatius-Kirche hat Bilder von Steinle und Rethel. – An der Rheinstraße die nassauische Landesbibliothek von Zeiß (1913). Den westlichen Abschluß der Straße bildet die 1892–94 von Otzen erbaute Ringkirche.
Nördlich, auf halber Höhe des Neroberges, 20-25 Minuten vom Kochbrunnen, ist die 1848-55 von Hoffmann erbaute griechische Kapelle (185 m), die Gruftkirche der Herzogin Elisabeth Michailowna von Nassau († 1845), mit fünf vergoldeten Kuppeln. Der Sarkophag mit der ruhenden Gestalt der Fürstin ist von E. Hopfgarten.

Sonnenberg

J. P. Zimmermann

In einem von steilen Abhängen umgebenen Grunde liegt das Dörfchen Sonnenberg malerisch versteckt; die Ruinen des alten Schlosses aber erheben sich kühn auf einem verwitterten Talkschieferfelsen. Bequeme Wege führen auf seine Höhe, von wo eine überraschende Aussicht für die kleine Mühe lohnt. Südlich erblickt man durch die Bergschlucht den Rhein, die Fluren der Pfalz und den in bläulicher Ferne sich erhebenden Donnersberg; nördlich windet sich das Thal durch waldbewachsene Hügel, über denen das Capellchen von Rambach und der wellenförmige Taunusrücken den Hintergrund schließen. Der Sage nach soll in uralten Zeiten ein heidnischer Sonnentempel und später die Burg eines Allemannenfürsten hier gestanden und dem Orte den Namen gegeben haben. Gewisser ist es, daß schon zu Ende des

zwölften Jahrhunderts in diesem einsamen romantischen Erdwinkel, nach dem gängigen Ausdrucke jener Zeit, ein Haus aufgeschlagen war. Als kurmainzisches Lehn kam die Burg an die Grafen von Nassau und während der häufigen Fehden mit den Dynasten von Eppstein wurde sie von ihnen, besonders aber von Kaiser Adolph von Nassau, erweitert und mehr befestigt. Im dreißigjährigen Kriege verwüsteten die Schweden einen Theil des Schlosses, welches kaiserliche Besatzung eingenommen hatte, und in den verheerenden französisch-deutschen Kriegen am Ende des siebenzehnten Jahrhunderts wurde auch der andere Theil zur Ruine.
Noch jetzt zeigt das Schloß in seinen Ueberbleibseln die frühere Größe und Bedeutenheit. Der Burgthurm, die Capelle, die Ringmauern, auch mehrere Thorthürme, haben vorzüglich der Zeit und der Zerstörung getrotzt und noch kann man sich leicht in die ursprüngliche Oertlichkeit hineinfinden. Dicht neben dem Thurme, auf der Seite nach dem Steinbruche zu, scheint ein größeres Gemach, vielleicht der Rittersaal gestanden zu haben; noch gewahrt man dort die Spuren zweier Camine in den dicken Mauern. Weiter unten schlossen sich die Wohngebäude an, wo die Zimmerabtheilungen deutlich zu unterscheiden sind; einige Vertiefungen in den Wänden hatten wohl die Bestimmungen als Schränke. Der übrige Theil in der Tiefe war zu Höfen und Stallungen benutzt.

O Sonnenberg, die Zeit der Wonne

Carl Dräxler-Manfred

O Sonnenberg, die Zeit der Wonne,
Sie war dir reichlich auch verliehen.
Als dich der Liebe goldne Sonne
Und die der Herrlichkeit beschien.

Ja, Liebe zog in deine Räume,
Sie sah von deinen Warten aus,
Und träumt die rosigsten der Träume,
In deinem hohen Felsenhaus.

Adolph, der schlichte Graf vom Rheine,
Und bald des Reichs gekröntes Haupt,
Ein Lorbeer, der im Sonnenscheine,
Des Purpurs doppelt sich belaubt.

Es war im fernen Ostergaue,
Wo mit dem Feind der Kaiser rang,
Daß eines Schwertes scharfe Klaue,
Zu tiefst ihm in das Leben drang.

Hinschmachtend kam er an die Schwelle
Des nahen Klosters frommer Frau'n,
Die sorgsam in der niedern Zelle,
Balsam in seine Wunden thau'n.

Und als des Siechtums schwerer Fittig,
Vor Adolph's Sinnen mählig schwand,
Sah er ein Mägdlein schön und sittig,
Das sorglich um sein Lager stand.

Entzücken war's, als er erwachte,
Was der Novize Blick verrieht,
Und dieser Freudenblick, er machte,
Daß schnell genesen er sich sieht.

Nicht widerstand dem schmucken Ritter
Die schöne Herrin von der Lahn,
Die hinter ferne Klostergitter,
Des Bruders Schätzegier getan.

Die Flucht nur führte zum Besitze;
Und als nun auf der Ritter brach,
Folgt ihm die reizende Novize,
Ein allerliebster Page, nach.

Dem Ritter war sie nachgeflüchtet,
Den sie als Kaiser wiedersah:
Der Liebe reinster Himmel lichtet
Sich über dir, Imagina!

Das Glück, das ach, nur sparsam
Dem Ruhmgekrönten sich erwies,
Jetzt solls in freundlicher Gewahrsam
Begründen ihm ein Paradies.

Unfern, wo Heilung auszuspenden,
Die Quellen Schwalbachs perlen klar,
Und zwischen engen Felsenwänden
Hindurch sich drängt die grüne Aar.

Dort steigt aus eines Berges Kunde
Der Liebe reizendes Versteck;
Ein trauter Ort dem Herzensbunde
Wird dort vollendet, Adolphseck.

Indes bis jener Bau geschlossen,
Umfängt des Sonnenberges Rast
Die beiden zärtlichen Genossen,
Und wird der Liebe zum Palast.

O reich geschmücktes Lustgelage,
O Stätte stiller Seligkeit!
Der Abglanz jener goldenen Tage
Verklärte dich für alle Zeit!

Und kommt noch jetzt ein Liebespärchen
In deiner Reste grünen Raum,
So fühlt es wie von Zaubermärchen,
Umrauscht sich und von holdem Traum.

Und wenn es heimlich süß erlebte
Und wußte nicht, wie ihm geschah,
So war's der Genius, der einst schwebte
Um Adolph und Imagina!

Das Kloster Klarenthal

Gottfried Anton Schenck

Dieses lieget zwar nicht in Wißbaden, es hat aber doch mit dieser Stadt, nicht nur vormals, wegen der, in derselben wohnhaft-gewesenen, Landes-Herrschaft (welche diesem Closter, als dessen Grund- und Schutz-Herrschaft, gantz besonders zugethan gewesen) jederzeit viele Gemeinschaft gehabt, sondern es stehet auch noch jetzo, wegen vieler Nutzungen, welche die Kirche, Schule und Hospital etc. der Stadt von demselben geniessen, in einer solchen genauen Verbindung mit derselben, daß wir es gantz billig mit unter die überbliebene Alterthümer und Denckmale des Nassauischen Wißbads zu rechnen, und bey dem Beschluß dieser Wißbadischen Geschicht-Beschreibung einige hinlängliche Nachricht von demselben zu ertheilen haben. Es lieget dasselbe ohngefähr eine gute halbe Stunde weit von Wißbaden in dem offenen Felde, und zwar in einem anmuthigen Wiesen-Grunde nahe an dem Walde. Es ist in dem Jahr 1296 – von dem mehrgemeldten Römischen Kayser Adolph, aus dem Hause Nassau, und seiner Gemahlin Imagina, oder, wie sie auch kürtzer genennet wird, Mena, einer gebohrenen Herrin von Limburg an der Lohne, aus ihren eigenen Mitteln errichtet worden.

Die Platte

Johann Isaac von Gerning

Diese steile vormals Buccinobantische Taunushöhe, worüber die Landstraße nach Limburg zieht, schmückt ein artiges weithin schimmerndes Jagdschloß, das im Jahr 1776 erbaut und vor kurzem auch mit schönen Anlagen ausgestattet worden. Dabey, wo nur ehedem eine Holzhackerhütte stand, befindet sich nun ein wirthliches Försterhaus. Erhaben und schön ist hier zu schauen, vom nahen Waldgebirg, über die Prachtgefilde zwischen dem Rhein, Mayn und Neckar. Dicht hinter der Platte hebt sich der Trompeter in die Lüfte. Die fabelhafte Volkssage deutet den Namen dieses Berges auf einen Trompeter, der, von Räubern überfallen, so stark in das Horn blies, daß ihn sein Freund auf der Brücke zu Mainz hören und ihm zu Hülfe kommen konnte. Doch antiquarischer ist die Ableitung von (einem Zweige der Mattiaken) dem Hirtenvolke der Buccinobanten, die nach Ammianus Marcellinus einen besonderen Gau bewohnten. Zu teutsch nannte man sie vielleicht auch späterhin Buchbantner oder Buchhainer, weil ihre Bergkette meist aus Buchbäumen besteht. Noch aber führen die Hirten dieser Gegend lange, von Kirschbaum geschnitzte Hörner, und blasen darauf ihre Lustlieder.

In Biebrich zur Tafel

Johann Wolfgang von Goethe

Montag d. 8ten Aug. 1814

Gestern war ich in Biebrich zur Tafel, die Herrschaften sehr gnädig und freundlich. Der Gesellschaftssaal eine Gallerie, man Sieht an einer Seite den Rhein, an der andern den Lustgarten. Es ist völlig ein Mährchen. Der runde Speisesaal tritt etwas vor die Linie des Gebäudes. Die Herzoginn, neben der ich sas, sitzt gerade so dass man durchs offne Fenster den herunterfliesenden Rhein vor einen See halten kann, an dessen jenseitigem Ufer Maynz liegt. Ganz in der Ferne Sieht man die Berge der Bergstrase, und den Melibocus. Der Tag war sehr schön. Allerley gute Bissen wurden genossen. Artischoken. Sodann zum Nachtisch frische Mandeln, Maulbeeren und dergleichen das ich in vielen Jahren nicht geschmeckt. Nach Tafel besah man den Park und eine recht artig angelegte Ritterburg. Von dem Altan ist die Aussicht sehr schön. August kann von diesem theilweise erzählen. Die Vegetation im Garten und Park sehr lebhaft. Platanen von großer Schönheit, so auch babylonische Weiden von auserordentlicher Grösse.

Schloß Biebrich und sein Park

Karl Simrock

Biberichs herzoglichen Sommerpalast zu schildern ist weniger das Geschäft der Feder als des Grabstichels, der es oft genug versucht hat, die reizendste Fürstenwohnung am Rhein im glatten Spiegel des Stroms sich beschauen zu lassen, oder die schönen alten Kastanien und Trauerweiden des Parks um die haushohe Wassersäule des Springbrunnens im Bilde zu wiederholen. Niemand versäume doch in diesem Schlossgarten die zierliche Ritterburg zu besuchen, schon der Aussicht auf dem Thurme wegen, die das Rheingau bis Rüdesheim umfasst und auch das jenseitige Ufer beherrscht. Mit Unrecht bezeichnen sie einige Reisebehelfe als eine künstliche Ruine: sie stellt eine völlig erhaltene Burg vor, und ist auf den Trümmern und starken Grundmauern einer wirklichen aufgeführt, der Burg Penzenau bei Mosbach nämlich, von der sich die Penze von Penzenau schrieben. Die erste Nachricht von ihr kommt 1630 vor, damals gehörte sie der hohenstein-penzenauischen Linie, ein noch erhaltenes Glasgemälde am Fenster zeigt die Worte: Philippus von Hoenstein Ritter. Da Hohenstein katzenellenbogisch war, so scheint es doch nicht so unpassend, dass der Herzog, als er die Burg von der Familie von Holzhausen zur Erweiterung seines Gartens an sich brachte, bei Erneuerung derselben katzenellenbogische Grabmäler aus der Abtei Eberbach dahin bringen und am Eingang wie im Hofe einmauern liess. Zwei andere Denkmale katzenellenbogischer Grafen aus der St. Klarakirche zu Mainz findet man im Museum zu Wiesbaden eingemauert, namentlich das jenes Diether III., von dem bei St. Goar noch die Rede sein wird, so wie hier das Philipps des Jüngern, des letzten Sprösslings des Heldengeschlechts, dessen früher Tod beide katzenellenbogischen Grafschaften an das Haus Hessen brachte. Gewiss sind uns hier die ächten Gesichtszüge jener geschichtlich höchst bedeutenden Fürsten erhalten. Die Burg, von welcher Biberich (Biburc oder bi der burc) genannt ist, war nicht diese mosbachische, sondern die etwas höher am Rheine gelegene Amelnburg oder Amöneburg, von welcher nur schwache Ueberreste römischer Substructionen erhalten sind.

Die Lage ist so einzig herrlich ...

Adam Storck

Die Lage des Schlosses zu Biebrich ist so einzig herrlich, daß sich schwerlich ein anderes einer schöneren erfreuen kann. Das Schloß ist nicht in dem großen Geschmack eines Palladio gebaut, sondern in dem späteren franzosisierenden. Aber die Lage, die Lage! Wenn sich der von rötlichem Stein gebaute Palast an einem hellen Tage in den reinen Fluten des Rheins spiegelt und die ringsum ausgebreitete herrliche Natur hüben und drüben lacht und frohlockt, dann müßte der Besitzer dieses schönen Landes, so weit sein Auge trägt, wenn er aus den Fenstern dieses Schlosses sähe, ausrufen: Bringt den Menschen der schönste Erdenbesitz den Göttern nahe, so fehlt mir nicht viel mehr, um euch nicht mehr beneiden zu dürfen!

Vom Kuren und Spielen

Mattiakische Färbekugeln

Martial

Alte, gehst du daran, das greisende Haar dir zu färben,
Nimm dann, du Kahlkopf, dazu mattische Kugeln von mir!

Die Bäder zu Wiesbaden und Ems

Hans Folz

Ein bad bei mentz, genannt Wißbaden,
Dut den colerici bald schaden.
Den lust es ja zur essen wert,
Dar mit den turst gar ser mert.
Kalt bös flüs und übrige feücht
Es schnel verzert und gantz uss zücht.
Wer sich nit ordinirn do kan
Dursts halben, der laß bald dar fan.

Zuo Ems ein bad do selbest umb,
Wer bades halben do hin kum,
Ist mer umb lust dan umb gesunt.
Doch wem kalt fluß und kretz we dunt
Die werden schnell geheilet do.

Ob man vor oder auch wol in dem baden purgieren müsse?

Ludwig von Hörnigk

Das erste ist allezeit, das ander aber nur bißweilen vonnöthen, dann nicht allezeit noch eine böse Materi mitten in der Bad-Cur im Leib sich befindet, oder der Leib sehr verstopffet ist, derowegen auch alsdann purgieren nicht nöthig. Allezeit aber ist Anfangs der Bad-Cur nothwendig, den Leib von den Excrementis und uberflüssigen Feuchtigkeiten, so viel durch Artzney Mittel möglich, zu entledigen und zureynigen, damit selbige durch die eusserliche Badhitz dünn und fließend gemacht, nicht in die Glieder, Adern, Glaiche und Gewerbe geführet, und dardurch eine oder andere böse Kranckheit verursachet werden möge.
Die Mittel zum purgieren anlangend, seynd solche entweder simplicia, als Manna, Cassia, weißes unnd gelbes Rhabarbarum, Lerchenschwam, Galappa, die Artzneyen so ohne Zusatz aus dem Tartaro gemacht werden, Senetblätter, Turbich, &c. darauß man Pulver, Pilulen, Säcklein unnd dergleichen bereyten kan: oder Composita, als die Lattwergen Diamanna, Diacassia, Diasenalenit, Diaphoenicum, &c. Manna Tartarisata, Pilulae Angelicae, de hiera simplici, Alephanginae, sine quibus, de fumaria, Marocostinae, &c. Extractum Panchymagogum, Diacatholicum, Cnicopharmacu, &c.
Jeder Badgast soll die purgierende Artzney Nüchtern einnehmen, sich sanfft darauff bewegen, auff daß ihre Krafft zu der Leber, Brust, dem Hirn, den Adern etc. gelangen möge, sich biß nach beschehener Operation vorm schlaffen unnd allem Essen, so es die Kräfften dulden können, hüten, bevorab so die Artzney in Form eines Trancks (dann Pilulen und Lattwergen eher einen mässigen Schlaff zulassen) eingenommen worden und er gern starck purgieren möchte. Damit aber die eingenommene Artzney bey ihm bleibe, kan er geröst Brod, entweder in Essig geweicht oder mit Muscatnuß bestrichen, für die Naaß unnd den Mund halten.
Welche nun under der Kranckheit zupurgieren oder außzuführen sey, ist an der Materi, davon die Schwachheit entspringt, und andern Zufällen, so von dem Temperament, Alter, täglichem Leben oder von der Jahreszeit und Gewonheiten, oder vorher gangenen Ordnung oder Unordnung im Essen und Trincken, Schlafen und Wachen, Ruhe und Bewegung beydes deß Leibs unnd Gemüths herrühren, abzunehmen.

Eben diese Umbständ neben den Kräfften deß Patienten, Leibs Beschaffenheit, Gewonheit zupurgieren, Geschlecht, (ob nemblich der Mensch ein Manns- oder Weibsbild) Orth, Land, Tags- Monats- oder Jahreszeit, etc. werden auch anzeigen, wie viel, wann, wie, wo und wohin zupurgieren. Dann an den Umbständen allen, so allein ein gelehrter Doctor der Artzney underscheyden kan, sehr viel gelegen, welches diejenige Badgäst billich in acht nehmen sollen, die ohn einige Wahl unnd auß eygenem Gutdüncken, entweder nur die Senetblätter, Quitten- oder Zwetschgen-Lattwerg oder andere purgierende Artzney nehmen, znd dafür halten, wann sie sich (mit Urlaub zureden) nur weydlich bescheissen, so haben sie es wol angericht.

Lustige Bäder

Landgraf Moritz von Hessen

In der Stadt Wißbaden sind sehr lustige Bäder;
Darfst sie nicht wärmen, sie han natürliche Wärme.
Zu heilen die Kranken, die Quelle verborgene Kräfte
Thut mit sich führen: dadurch viel schwehre Gebrechen
Nach Gottes Willen zu rechter Stunde geheilet
Werden. Bißweilen die Wärme dem Bade nit helffet,
Wenn Todes-Nöthen, Zeit, Ziehl und Stunde vorhanden.
Doch han die Bäder kein Schuld; der Göttliche Wille
Thut alles würcken durch sein allmächtige Stärcke.
Mein' Lust zum Höchsten.
Moritz Landgraf zu Hessen.

Baderegeln 1610

Michael Caspar Lundorf

Höer Gast, der du brauchst dieses Bad,
Diß Regel halt, ist dir ohn Schad:
Früh, wann du aufgestanden bist,
Verricht dein Gebät zu jeder Frist.
Dann folgends, wann sechs schlägt die Glock,
Zieh aus dein Wambs, das Hembd und Rock,
Geh in das Bad, es thut dir wohl,
Jedoch merck drauf, dann es nicht soll
Zu heyß seyn anfangs überaus,
Du wirst sonst matt, und schlägst bald aus.

Bleib drin nicht länger, dann ein Stund,
Bis sieben schlägt, ist gar gesund.
Geh raus, und zieh an deine Jupp,
Den Koch frag, ob gar sey die Supp?
Wann selbig dir ist angericht,
Ein guten Trunck vergiß dann nicht.
Ferners geh vor das Thor spatzirn
Zum Wiesen-Brunn, dich zur lustirn.
Um halber zehen merck mich eben,
Thue dich wieder ins Bad begeben,
Ein Stund sollstu dann bleiben drein,
Mittler Zeit wird es Mittag seyn.
Alsdann schmeckt der Trunck grausam wohl,
Jedoch seh zu, sauf dich nicht voll.
Auch mäßiglich sonst halte dich!

Weiter merck mich ohn allen Schertz,
Mit guter Luft erfrisch das Hertz,
Bis es wird um die Vesper-Zeit,
Ein Bettlein wird dir seyn bereit,
Darein du sollest schlafen gahn,
Bis fünf schlägt, dann solltu aufstahn,
Ins Bad dich wiedrumb fügen bald,
Der Wein in dem wird eben kalt.
Um siebne mach dich aus dem Bad,
Erfrisch das Hertz mit eim Salat.

Nach diesem thue dann dein Gebät,
Und füg dich wiedrumb zu deim Bett,
Schlaf ruhig ein die gantze Nacht.
Doch letzlichen noch eins betracht,
Dann so du gantz gebadet aus,
Und willst wiedrumb fahren nach Haus,
So zahl den Wirth, danck Gott dem Herrn,
So wird er zum Bad Glück beschehrn.

Von den warmen Baden in Hessen

(Hessische Chronik, 1617)

Nun ist es am Tag / daß solche heilsame Wasser / Brunnen / und warme Bade besondere Gaben Gottes sein / die den menschlichen Körpern in viel Weg zu Hilf kommen / nützlich und dienlich sein. Und mögen diejenigen Lande / so darmit von Gott begabet / solcher Gnaden sich wohl dankbarlich rühmen. In Hessen findet man derselben zwei vornehme / als bei Wiesbaden / in der Grafschaft Nassau / und Ems in der Grafschaft Dietz / zuständig denen Landgrafen zu Hessen / und dann dem Haus Nassau. Solcher warmen Wasser gedenkt auch Plinius / und nennet sie mattiacos fontes.
Es wollen aber die gelehrte Naturkunder / daß solche / und dergleichen Wasser / ihre Wärme und Hitz nicht von Kalkstein / Pech / oder Schwefel / sondern eigentlich von Feuer / so sich innerlich im Erdreich verhaltet / bekommen und haben sollen: Den Geruch / und Kräfte aber von Tanpf / Kalkstein / Schwefel / Alaun / Bergwachs / Salz / Eisen / Kupfer / Kies / von Blei / schwefelichen Gängen und dergleichen / durch welche sie ihren Lauf haben.

Ein geistiges elastisch Wesen

Daniel Wilhelm Triller

... Was mehr gewisser kann man sagen,
Woraus das warme Bad besteh,
Wodurch es manchen Leibesplagen
Mit Heilungskraft entgegen geh.
Wenn man es nach der Kunst probiret,
Und durch die Glut zur Beichte zwingt;
Erfährt man, was es bey sich führet,
Und woher seine Kraft entspringt,
Ein heilsam Eisensalz durchwürzet
Die siedendheiße Lebensflut,
Das aus geheimen Adern stürzet,
Und solche Wundercuren thut.
Ein Vitriol von zartem Geiste,
Ein Schwefel von besondrer Art,
Ist, wie man sieht, das allermeiste,
Was in dem Bad sich offenbart.
Dieß lehrt auch nach dem Augenscheine
Die Gegend selbst mehr, als zu wohl;
Sie ist voll Kies- und Eisensteine,
Nebst selbstgewachsnem Vitriol.
Auch sind von einer Eisenerden
Die Röhren meist so angefüllt,
Daß sie dadurch oft enger werden,
Als daß daraus das Wasser quillt.
Ein fettes Wesen, das nicht selten
Als Haut auf diesem Bade schwimmt,
Kann ferner zum Beweisthum gelten,
Daß hier ein sanfter Schwefel glimmt.
Auch läßt es noch ein Salz entfallen,
Wenn es wohl eingesotten ist,
Das seine glänzenden Crystallen
Meist in ein förmlich Viereck schießt.
Dieß dient die Därmer auszuspühlen,
Wenn mans in Wasser schmelzen läßt;
Daneben pflegt es auch zu kühlen,
Und stört der Würmer schädlichs Nest.
Doch bleibt uns hier auch viel verholen,

Das wirklich in dem Wasser steckt,
Und dennoch durch den Zwang der Kohlen
Sich unsrem Forschen nicht entdeckt.
Ein geistiges elastisch Wesen
Ist würklich das, was drinnen liegt;
Doch läßt sichs nicht zusammen lesen,
Dieweil es alsobald verfliegt.
Umsonst sind der Chymisten Künste!
Des Wassers eigentliche Kraft
Verdämpfet in die zärtsten Dünste,
Und wird vom Wind hinweggerafft.
So bleiben uns die besten Stücke
Des Kraftgewässers doch verhehlt,
Womit es zu der Menschen Glücke
Einst Gott und die Natur beseelt.
Und folglich ist auch unser Wissen
In dieser Absicht seicht und leer,
Indem wir das entbehren müssen,
Was zur Erkenntniß nöthig wär. . . .

Stadtratsverordnung für das Gemeindebad zu Wiesbaden 1781

Nachdeme es bekanntlich schon leider mehrmalen geschehen, daß in dem dahiesigen gemeinen Burger-Bad Menschen während des Badens ertrunken, dieses aber hauptsächlich der nicht genugsamen Aufsicht und Unordnung, und darunter vornehmlich auch dem zuzuschreiben, daß öfters Leute ganz allein und dann auch ohne Licht hinein gelassen werden, in welch letzterem Fall dann auch oftmals vieler Unfug getrieben wird; Als findet man vor nöthig nachstehendes zu verordnen:
1) Daß der jeweilige Pfächter das Bad stets verschlossen halten und nur folgende Stunden, nemlich in denen Sommermonathen May, Junii, Julii, August und September Morgends von 4 bis 10 Uhr, und des Nachmittags von 3 bis 9, auch in denen längsten Tagen, bis 10 Uhr, in

denen Monathen October, November, December, Januarius, Februarius, März und April hingegen von Morgends 8 bis 10 und des Nachmittags von 3 bis 8 Uhr, zum Baden ausgesetzt bleiben sollen.
2) Dem, der sich baden will, den Schlüssel zum Badhaus nicht zur Hand anvertrauen, sondern von ihme, dem Pfächter, selbsten aufgeschlossen und bey dessen Abgang wiederum ordentlich zugeschlossen werden solle.
3) Eine Person allein sich niemals baden dürfe, sondern so lange zur Geduld verwiesen werde, bis wenigstens 2 Personen in einem Bad beysammen sind. Sollte sich aber die zweyte Person nicht bald einfinden, so ist der Pfächter verbunden, bey dem einen, welcher sich badet, zu bleiben, damit kein Unglück geschehe.
4) Zur Nachtzeit sollen die Badende mit einer Laterne versehen werden. Und wie die hiesigen Einwohner sich solche selbsten mitbringen müssen, so ist der Pfächter schuldig, denen Fremden das Licht zu stellen, wovor er sich 1 Kr. besonders, mithin nebst dem Bad 2 Kr. bezahlen zu lassen ermächtiget ist.
5) Juden sollen in diesem Bad gar nicht baden, sondern sogleich abgewiesen werden.
6) Weder fremde noch einheimische Badgäste sollen sich unterstehen, in dem gemeinen Bad zu schröpfen, vielweniger einiges Geräth darin auszuwaschen, wovor der Pfächter jeden ernsthaft zu warnen hat.
7) Zu dem Ende derselbe währender Zeit, als Leute in den Bädern sind, öfters ab- und zugehen und allenthalben auf gute Zucht und Ordnung sehen, insbesondere aber Acht haben muß, daß niemand verunglücke, und von jeder wahrnehmenden Uebertrettung oder andern Unfug sofort die ohnverlängte Anzeige thun solle.
8) Jedes Bad wie auch die Abtauchen in und ausser demselben sollen wöchentlich zweymal abgelassen, wohl ausgekehrt, ausgespühlt und wiederum frisch angelassen werden. Dieses soll ohnausgesetzt des Diensttags und Samstags Abends um 7 Uhr geschehen, mithin an diesen beyden Tägen selbst im Sommer um 7 Uhr schon das Bad geschlossen seyn, den darauf folgenden Mittwoch und Sonntags früh auch zur nöthigen Abkühlung verschlossen bleiben, und zu diesen Zeiten durchaus niemand hinein gelassen werden. Uebrigens
9) ist jeder Badgast und Badende, er sey wer er wolle, nachdrücklich zu bedeuten, daß er sich nach gebrauchtem Bad, bey seinem nach Hausgehen vorhero allemal wiederum völlig bekleide und gegen die Luft und Kälte genugsam verwahre.
Als wird solches zur künftigen Darnachachtung nicht nur hierdurch offentlich bekant gemacht, sondern auch dem Pfächter auferleget, auf

alle diese Puncten, bey Vermeidung ohnnachsichtlicher Strafe genaue Aufsicht zu halten. Wiesbaden, den 29sten März 1781.

Stadtrath dahier.

Hauptbedürfnisse jeder Badeanstalt

(Publicandum 1807)

Gesellschaftliche Unterhaltungen und abwechselnde Vergnügungen sind ohnläugbar Hauptbedürfnisse jeder Badeanstalt, sie tragen zu Wiederherstellung der Leidenden vorzüglich bey, und werden daher allgemein in jedem Badeorte gewünscht; dass ein freundliches nur den Vergnügungen der Kurgäste gewidmetes und ausschliessend hiezu eingerichtetes Gebäude diesen Zweck vorzüglich befördert, ist allgemein anerkannt, so wie dass der Mangel desselben nachtheilig auf gesellschaftliche Verbindungen wirkt, und den Zweck der Befestigung und Wiederherstellung der Gesundheit der die Badenden bestimmt die Badeanstalten zu besuchen weniger erreicht wird.
Zu Wiesbaden hat man zwar längstens schon, und jährlich mehr, gleichen Mangel gefühlt, allein die Zeitumstände verhinderten die Abhülfe. Erst gegenwärtig sind einige dieser Hindernisse gehoben, und ist daher ein Plan, wie ein solches dem Zwecke vollständig entsprechendes Gebäude aufgeführt werden könne, entworfen worden.

Die wirksamsten Quellen in Deutschland

P. Rosenwall

Die hiesigen Heilquellen werden in allen chronischen, rheumatischen, gichtischen Krankheiten, in Drüsenverhärtungen, Lähmungen, Knochenkrankheiten und Gebrechen, die von unterdrückter Ausdünstung herrühren, für die wirksamsten in Deutschland gehalten und sollen bei weitem die böhmischen Bäder übertreffen. Das Wasser hat in der Adlerquelle, der wirksamsten von allen, in der auch ich bade, 57 Grad Reaumur Wärme, man muß es also 12 bis 18 Stunden abkühlen lassen, ehe man badet. Die Bestandteile sind: Glaubersalz, Kochsalz, Eisenerde, Kalk, schwefelsaure Sode und Luftsäure. Man muß bei dem Baden, in Hinsicht des Wärmegrades, viel Vorsicht beobachten; denn ein etwas zu warmes Bad äußert sogleich den schädlichsten Einfluß auf den Körper; Gliederschmerzen, Mattigkeit, Andrang des Blutes nach dem Kopf und Herzen, Kopfweh und Schwindel sind die unvermeidlichen Folgen eines etwas zu warmen Bades; und sehr leicht kann man es darin versehen, da es an Thermometern fehlt, um den Wärmegrad zu bestimmen, der nie über 18 Grad Reaumur seyn darf ... Die Quellen sind alle in der Stadt befindlich und strömen das heilbringende Wasser in solcher Menge aus, daß ganze Bäche davon fortfließen. Für die Kurgäste ist es sehr bequem, in den Häusern baden zu können, die Einwohner haben dagegen manche Unannehmlichkeiten von der Nähe der warmen Quellen, und unter andern die, Keller in ihren Häusern und Brunnen in ihren Höfen entbehren zu müssen; denn die Adern der warmen Quellen befinden sich beinahe unter der ganzen Stadt, die deshalb nur einen einzigen kalten Brunnen besitzet.

Thermalbad für Pferde

A. H. Peez

Schon in ältern Zeiten befanden sich in mehreren der hiesigen Badehäuser z. B. im Spiegel, im Bock, Vorrichtungen zu Pferdebädern. Man zeichnete aber die gemachten Erfahrungen nicht auf, und es lag vielleicht auch ausser dem Gesichtskreise der früher hier angestellten Thierärzte über einen, für die Veterinär-Heilkunde so wichtigen Gegenstand Beobachtungen zu machen. Dieser Umstand sowohl, wie die große Frequenz der Heilquellen durch Menschen hatte die Folge, daß die Heilkraft Wiesbadens auf die Krankheiten der Thiere nicht beachtet wurde, und die Einrichtungen zum Pferdebad allmählig eingingen. In dem Kurhause zu den Vier Jahrszeiten wurde indessen von ihrem umsichtsvollen Erbauer auch hierauf Rücksicht genommen, und andre Badehausbesitzer werden, wie ich hoffe, gewiß recht bald diesem rühmlichen Beispiele folgen. Schon vor mehreren Jahren habe ich Erfahrungen über die Anwendbarkeit Wiesbadens in rheumatischen Leiden der Pferde, Gelenkgeschwülsten, Steifheiten der Füße, obgleich die Anwendungsweise, wegen Mangel zweckdienlicher Vorrichtungen, sehr unvollkommen seyn mußte, gemacht.

Allgemeiner Zweck des Cursaals

(Aus dem Pachtvertrag von 1834)

Der allgemeine Zweck des Curhaus-Etablissements ist: Vereinigungsort der im Bade von einander getrennt wohnenden gebildeten Fremden.
Der Einzelne findet hier Zerstreuung und Erholung, Gelegenheit Bekanntschaften anzuknüpfen, ausgezeichnete gute Bewirthung, gefällig und geschmackvoll möblirte Appartements, eine freundliche Umgebung.
Um diesen Zweck des Kurhauses zu erreichen, ist dasselbe mit dem Monopole des Hazard-Spieles und mit der vollständigsten Wirthschaft, Weinschank, Billard, Café- und Conditorei-Gerechtigkeit verliehen worden, und es legen die Contrahenten den hier bezeichneten allgemeinen Zweck des Curhauses dem gegenwärtigen Contract ausdrücklich zum Grunde.

Die Quellen und ihre Wirkung

(Aus „Reichards Passagier")

Wiesbaden hat 14 warme und 2 kalte Mineralquellen, die meistens zum Baden benutzt werden, schon vor fast 2000 Jahren den Römern bekannt waren, und sich als heißes muriatisch-alkalisches Wasser zunächst an Teplitz anschließen, aber durch ausnehmend starken Kochsalzgehalt unterscheiden. Sämmtliche warme Quellen liefern in 1 St. 8400 bis 8500 Cubikf. Wasser in einem Wärmegrade von 117 bis 151 Grad Fahrenheit. Gegen Gicht, Rheumatismus, Hautkrankheiten, Schlag, Lähmung, Steifigkeit der Gelenke etc. ist die Wirkung ausnehmend günstig. Man hüte sich sehr warm zu baden. Wer sehr vollblütig und zu starken Congestionen nach Brust und Kopf, zu activen Blutflüssen, Entzündungen, zu Schlagfluß geneigt ist, darf gar nicht oder nur bedingt baden. Auch als Getränk, Wasser-Douche, in Form von Thermaldämpfen und als Sinterseife, werden die Quellen benutzt. Ein Bad kostet 30 Kreuzer. Die Bewohner brauchen das Wasser zum Brodbacken, und tränken in kälterer Jahreszeit das Vieh damit, worauf, wie man sagt, die Kühe viele und fette Milch geben sollen. Mühlen, die davon getrieben werden, gehen in dem kältesten Winter ungestört fort.

Besondere Bedingungen für das Hazard-Spiel (1834)

§ 40.

Der Pächter ist ausschliesslich berechtigt, Hazard-Spiele zu treiben; er hat das Recht und die Verbindlichkeit zu Roulette, Rouge et Noir und Pharao. Will er auch noch andere Arten von Hazardspielen als diese drei bisher nur übliche betreiben, so hat er die polizeiliche Genehmigung dazu einzuholen. Keinem Dritten ist es erlaubt, dergleichen Spiele zu geben, und wird der Pächter vorkommenden Falls, auf Anzeige von Polizeiwegen in jenem ausschliesslichen Rechte geschützt werden.

Die Hazardspiele dürfen nur in den dazu bestimmten Säälen des Gesellschaftshauses, nie aber in verschlossenen Nebenzimmern, noch weniger aber an einem dritten Ort ausserhalb des Curgebäudes stattfinden.

§ 41.

Das Recht Hazardspiele in dem Curhause zu geben, wird nur für die Zeit vom 1. März bis 30. September ertheilt.

Wenn sich jedoch ausser dieser Zeit bei besonderen Veranlassungen Versammlungen von Fremden einfinden, und der Pächter wünschen sollte, Bank aufzulegen, so darf dieses nur mit Erlaubniss des Curhaus-Commissärs geschehen.
Dieser wird dabei nach seiner Instruction verfahren und den Pächter zeitig davon in Kenntniss setzen, ob die Erlaubniss ertheilt werden kann oder nicht.

§ 42.

Der Pächter ist verbunden, sich unausgesetzt zu legitimiren, dass er, so lange die Bank aufgelegt wird, dieselbe mag sich im Gewinn oder Verlust befinden, stets einen baaren augenblicklich disponiblen Spielfond von wenigstens Vier Tausend Louisd'or besitze.
Dieser Spielfond wird auf die verschiedenen Bänke von dem Pächter schicklich vertheilt werden.

§ 43.

Die grosse Bank wird täglich Nachmittags in den Spielsäälen neben dem grossen Saal und die kleine Bank jeden Morgen neben dem Billard-Saale aufgestellt.

§ 44.

Die Bank ist verbunden, mit guten Münzsorten und vollwichtigen Goldstücken auszuzahlen.

§ 45.

Der geringste Point für alle Hazardspiele wird auf einen Viertel Kronenthaler bestimmt; es hängt jedoch von dem Pächter ab, den Point zu erhöhen.

§ 46.

Wenn es verlangt wird, so müssen täglich Vor- und Nachmittags und Abends sowohl an der grossen als an der kleinen Bank wenigstens drei Taillen Trente et quarante, zu deren jeder sechs Spielkarten gehören, und sechs Taillen Pharao nebst diesen Spielen aber auf Verlangen auch stets noch Roulette gegeben werden. Der Pächter hat sich in dieser Hinsicht den Anordnungen des Herzoglichen Polizei-Commissärs zu fügen, welcher auch darüber zu entscheiden hat, ob ausser diesen drei bisher nur üblichen Hazardspielen, noch andere von dem Pächter betrieben werden wollen und dürfen.

§ 47.

Es darf keine Roulette angebracht werden, welche nicht neben zwei Pliées die gehörigen Sechs und Dreissig nummerirten Felder hat.

§ 48.

In den Spielzimmern sind die, von dem Polizei-Commissär zu genehmigenden Regeln der stattfindenden Hazardspiele zu affichiren, welche so viel wie möglich die Entscheidung für alle vorkommenden Fälle enthalten müssen. In diesen Affichen sind die Bestimmungen der hier vorstehenden §§ 43, 44, 45 und 46 wörtlich aufzuführen.

Die vorzüglichsten Gast- und Badehäuser

Christian Daniel Vogel

Eine Hauptnahrungsquelle der Stadt besteht neben Ackerbau und Gewerbebetrieb in ihren Thermalquellen, deren sie nach neuester Angabe 22 benutzte und zwei unbenutzte besitzt, unter welchen der seit 1826 mit einer geschmackvollen Fassung umgebene und an seinem Zugang mit zwei Säulen verzierte Kochbrunnen als Haupt- und Zentraltherme gilt. Zur Benutzung derselben sind in allen Badehäusern zusammengenommen über siebenhundert Badebehälter angelegt. Zu den Gast- und Badehäusern, worin zugleich Bäder und Beköstigung sich bieten, gehören: die Vier Jahreszeiten, der Adler, die Rose und der Schützenhof; ebenfalls gute Häuser sind der Kölnische und Pariserhof und der Hof von Holland. — Die vorzüglichsten Badehäuser, in welchen man nur Wohnung und Bad findet, sind: der Englische Hof, das Römerbad, der Europäische Hof, der Schwarze Bär, Stern, Engel, die Krone, welchen sich die übrigen, der Weiße Schwanen, Spiegel, Schwarze Bock, Reichsapfel, die Goldene Kette, das Weiße Roß usw. anreihen. — Zu den ersten Gasthäusern gehören: der Nassauerhof, das Taunus-Hotel, der Alleesaal, das Einhorn, der Grüne Wald, Wilde Mann, neben welchen auch noch zwei Restaurationen bestehen.

Kurkonzert mit Wagner-Melodien

(Mittelrheinische Zeitung, 28. 7. 1854)

Der gestrige Abend hat den Reigen der musikalischen Aufführungen eröffnet und die Regimentsmusik unter der trefflichen Leitung des Herrn Kapellmeisters Stadtfeld ihren wohlbegründeten Ruf von neuem bewährt. Aus dem mit vielem Geschmack arrangierten Programm verdient – und nicht bloß, weil es sich hier um eine Modesache handelt, sondern ihren großartigen Überraschung wegen – die Aufführung der Ouvertüre zu Tannhäuser die größte Anerkennung. Die Stille der Luft, die schöne Umgebung mit den Schwänen auf dem spiegelglatten Weiher, dem Duft der Blüten, dies alles stand in so innigem Einklange mit der Wagnerschen Musik, daß wir überzeugt sind, selbst solche, welche bei der Aufführung dieser Musik in geschlossenen Theaterräumen nicht die volle Befriedigung fanden, würden sich von der Genialität der Wagnerschen Musik und ihrer Wirkung auf den unbefangenen Zuhörer überzeugt haben.

Ekstatische Entrücktheit

Richard Wagner

Nicht ganz unähnlich dem armen Dienstmädchen erschien mir bald auch der junge Städl, als ich ihn eines Tages an der Spielbank zu Wiesbaden beobachtete. Mit ihm und Weißheimer hatte ich vergnüglich im Kurgarten den Kaffee getrunken, als Städl für einige Zeit verschwand; um ihn aufzusuchen, führte mich Weißheimer zur Spielbank. Eine entsetzlichere physiognomische Umwandlung, als ich jetzt an dem der Spielwut Verfallenen gewahr wurde, war mir selten noch vorgekommen. Wie zuvor das arme Lieschen, so hatte jetzt auch diesen ein Dämon in Besitz genommen, der, wie das Volk sagt, sein böses Wesen in ihm trieb. Kein Zuspruch, ja keine beschämende Ermahnung vermochte den von Spielverlust Geplagten nur irgendwie zu einer Zusammenfassung seiner moralischen Kräfte zu bewegen. Da ich selbst der Spielwut mich erinnerte, welcher ich eine Zeitlang als Jüngling verfallen war, unterhielt ich hiervon den jungen Weißheimer und erbot mich, ihm zu zeigen, wie ich wohl dem Zufalle, nicht aber dem Glücke etwas zu bieten mir getraue. Als ein neues Spiel beim Roulette begann, sagte ich ihm mit ruhiger Bestimmtheit, Nr. 11 werde zutreffen: so geschah es. Der Verwunderung über den glücklichen Zufall gab ich neue Nahrung, indem ich für das nächste Spiel Nr. 27 voraussagte, wobei ich mich allerdings einer ekstatischen Entrücktheit entsinne, welche mich einnahm: wirklich schlug diese Nummer wiederum zu, und nun geriet mein junger Freund in ein solches Erstaunen, daß er mir auf das dringendste anriet, doch auch wirklich auf die von mir vorausgesehenen Nummern zu setzen. Wiederum muß ich mich der eigentümlichen, sehr ruhigen Ekstase erinnern, mit welcher ich ihm erklärte: daß, sobald ich mein persönliches Interesse hierbei in das Spiel bringen würde, meine bisher bewährte Gabe sofort verschwinden müßte. Ich zog ihn alsbald vom Spieltische zurück; worauf wir bei schönem Sonnenuntergange den Rückweg nach Biebrich antraten.

Ich habe alles verspielt

Fjodor Dostojewskij

Meine unschätzbare, meine ewige Freundin, mein himmlischer Engel, Du hast es natürlich schon begriffen – ich habe alles verspielt, die ganzen 30 Taler, die Du mir geschickt hattest. Denke daran, daß Du meine einzige Retterin bist und daß es niemanden in der Welt gibt, der mich lieb hätte. (...) Als ich sah, daß man bis zur Abreise bis halb sieben warten mußte, ging ich zum Kurhaus. Und nun, Anja, Du magst mir glauben oder nicht glauben, aber ich schwöre Dir, daß ich nicht die Absicht hatte zu spielen. Damit Du mir glaubst, will ich Dir alles bekennen: Als ich Dich in dem Telegramm um 30 und nicht 25 Taler bat, wollte ich noch 5 Taler riskieren, aber auch das war nicht sicher. Ich kalkulierte, wenn mir Geld übrigbliebe, würde ich es ohnehin mitbringen. Als ich aber heute die 30 Taler erhielt, wollte ich gar nicht spielen. (...)

Aber als ich in den Kursaal kam, trat ich an den Spieltisch und begann, in Gedanken mitzusetzen: Treff ich's oder treff ich's nicht? Was

glaubst Du, Anja? Zehnmal hintereinander traf ich es, sogar Zero. Ich war so erschüttert, daß ich zu spielen anfing, und in 5 Minuten hatte ich 18 Taler gewonnen. In dem Augenblick, Anja, wußte ich nicht mehr, wie mir geschah: Ich denke mir, du fährst mit dem letzten Zug, verbringst die Nacht in Frankfurt und bringst dann doch noch etwas nach Hause! Wegen der 30 Taler, die ich Dir *geraubt* hatte, schämte ich mich so sehr! Glaubst Du mir, mein Engel, daß ich das ganze Jahr davon träumte, Dir ein Paar Ohrringchen zu kaufen, als Ersatz für jene, die ich Dir bis jetzt nicht wiedergegeben habe. Du hast für mich in diesen 4 Jahren alles verpfändet und bist trotz Deines Heimwehs mit mir herumgewandert! Anja, Anja, denke auch daran, daß ich kein Schuft bin, sondern nur ein leidenschaftlicher Spieler.
(Und *noch* etwas mußt Du bedenken, Anja, daß diese Phantasie nun für immer zu Ende ist. Ich hatte Dir auch schon früher geschrieben, es sei für immer zu Ende, aber verspürte dabei niemals das Gefühl, mit dem ich es jetzt schreibe. O jetzt habe ich mich von diesem Wahn gelöst und wollte Gott danken, daß es so gekommen ist, trotz des großen Verlustes, wenn in diesem Augenblick nur nicht die Angst um Dich wäre! Anja, wenn Du jetzt böse auf mich bist, dann denke daran, was ich jetzt erlitten habe und *noch* drei, vier Tage werde erleiden müssen! Wenn Du mich später einmal undankbar und ungerecht Dir gegenüber findest, dann mußt Du mir nur diesen Brief zeigen.)
Gegen halb zehn Uhr hatte ich alles verspielt und ging wie betäubt hinaus; ich litt so sehr, daß ich sogleich zum Pfarrer lief (beruhige Dich, ich war *nicht* dort, ich war nicht bei ihm und werde auch nie hingehen!). Unterwegs, als ich in der Dunkelheit durch die unbekannten Straßen zu ihm eilte, dachte ich: Er ist doch ein Priester des Herrn, ich will mit ihm nicht wie mit einer Privatperson, sondern wie bei der Beichte reden. Aber ich verirrte mich in der Stadt, und als ich zu einer Kirche kam, die ich für eine russische hielt, sagte man mir im Laden, es sei keine russische Kirche, sondern die jüdische Synagoge. Das wirkte wie eine kalte Dusche. Ich stürzte nach Hause; es ist nun Mitternacht, ich sitze da und schreibe Dir. (Zum Priester werde ich nicht gehen, ich werde nicht gehen, ich schwöre, daß ich nicht gehe!) (..)
Anja, rette mich ein letztes Mal, schicke mir 30 (dreißig) Taler. Ich werde es so einrichten, daß es ausreicht, ich werde sparen. Wenn Du es noch am Sonntag abschicken kannst, sei es auch spät am Tag, so kann ich schon am Dienstag, aber jedenfalls am Mittwoch, bei Dir sein.
Anja, ich liege zu Deinen Füßen und küsse sie, und ich weiß, daß Du

das volle Recht hast, mich zu verachten als auch zu denken: „Er wird doch wieder spielen." Wobei soll ich Dir nur schwören, daß ich es *nicht mehr tun werde;* ich habe Dich ja schon betrogen. Aber, mein Engel, begreife doch: Ich weiß ja, daß du sterben wirst, wenn ich wieder verliere! Ich bin doch nicht ganz wahnsinnig! Ich weiß ja, daß ich dann auch verloren bin. Ich werde nicht spielen, ich werde es nicht tun, ich will nicht mehr und werde *sofort abreisen!* Glaube mir. Glaube mir *ein letztes Mal,* und Du wirst es nicht bereuen. Ich werde jetzt arbeiten für Dich und für Ljubotschka, ohne meine Gesundheit zu schonen. Du wirst es sehen, Du wirst es sehen, das ganze Leben lang, und *ich werde das Ziel erreichen.* Ich werde Euch versorgen (...) Mir ist etwas Großes widerfahren, verschwunden ist die lasterhafte Phantasie, die mich fast 10 Jahre *geplagt hat.* Zehn Jahre (oder richtiger: seit dem Tode meines Bruders, als ich plötzlich von Schulden fast erdrückt wurde) träumte ich immer davon, im Spiel zu gewinnen. Ernsthaft träumte ich davon, leidenschaftlich. Jetzt ist alles vorbei! Das war *wirklich* das allerletzte Mal! Wirst Du mir glauben, Anja, daß meine Hände jetzt frei sind; ich war durch das Spiel gefesselt, ich werde jetzt an die Arbeit denken und nicht mehr nächtelang vom Spiel träumen, wie das bisher der Fall war. Und dann wird auch die *Arbeit* besser und rascher fortschreiten, und Gott wird sie segnen!

Wiesbadens Quelle zeugt neue Kraft

Dr. D. S.

Eine freundliche, blonde deutsche Maid reichte mir das erste Glas des heilenden Wassers. Ein hülfsbereiter Wärter bettete die schmerzenden Glieder in das warme Bad. Milde Lüfte fächelten so wohlthätig die müde Stirn. Und es kam der Tag, an dem ich zum ersten Male allein zum segenspendenden Kochbrunnen gehen konnte und mich in seinen Park hinsetzen und danken durfte für das wieder beginnende Leben. Und es kam der andere, o, so schöne Tag, wo ich Euch, Ihr Freunde der Jugend, Ihr wunderschönen Berge, wieder besteigen konnte. Oftmals ist's seitdem geschehen. Wiesbadens Quelle zeugte neue Kraft und neuen Muth.

Melancholische Rollstühle

Hans Wachenhusen

Die Wiesbadener Quelle, die erste und älteste Herzkammer der Stadt, speist etwa ein Dutzend Badehäuser mit vierhundert Bädern. Die Trink-Kur geschieht am Morgen in der Halle und deren nächster Umgebung, die schon frühzeitig durch ein Musikchor geweckt wird. Danach legt sich die Kurgesellschaft in ihre Badewannen und tiefe Stille herrscht auf den Promenaden in den Vormittagsstunden, nur unterbrochen durch die mit ihren Bonnen spielenden Kinder und die melancholischen Rollstühle derjenigen Kurgäste, die schon frühzeitig den Badewannen entronnen.

Auch im Kurgarten ist's am Vormittage still und friedlich. Am Teich füttern die Kinder die Schwäne, die ihnen schwerfällig watschelnd auf das Ufer entgegen kommen. In den Gebüschen sitzen einzelne Kurgäste, ihre Romane lesend; unter den schattigen Kastanien lehnen die Kellner, träge die Serviette auf den Knieen, schlaftrunken an den Baumstämmen und nur einzelne Gruppen der Schachspieler sitzen grübelnd um die Tische.

Den Morgen nimmt wie überall die Kur in Anspruch, der Nachmittag, der Abend gehören dem Genuß, der Zerstreuung, die der Bedürftige hundertfach nicht nur in den Concerten und Festlichkeiten des Kurgartens, sondern auch in den Ausflügen in die reizende Umgebung findet.

Der Pfälzer Bauer nach der Kur im Wiesbad

Friedrich Lennig

Do sein eich, Gott sei Dank, daß eich do sein:
Deß is e Kreiz, e Jammer un e Pein!
Eich war im Wißbad, un hun dort die Kur gebraucht,
Weil verzig Woche schun mein ganz Gestell nix daugt. ...

Vier Woche lang, su hot ersch hawwe wolle,
Härr eich de Dah ahn Stinnche bade solle.
Awwer eich hun mich hibsch gedummelt un gehurrelt,
Un hun mich nur ahn Woch de Dah vier Stunn gepurrelt.
Dann was ahn Gaul in viermol fort kann bringe,
Deß misse vier uff ahnmol zwinge.
Eich sein e Karl, dar sich gewesche hot;
Freilich, obs helfe dud, deß waaß der liebe Gott. ...

Die Haaptsach awwer is der Kursaal; do druff halle
Die Leit gewaltig viel, meer hot er net gefalle;
Dann ar is dumm gebaut. Mer kimmt gar net recht drauß,
Es sein kahn Stockwerk druff, wie uff em annern Haus;
Kahn Armer kann drein wohne un kahn Reicher,
Ar hot jo net emol en ordentliche Speicher! – ...

Der Saal is gruß, un kann viel Batze koschte;
Ar ruht uff achtunzwanzig stahnern Poschte.
Deß sein ze viel; in meiner Scheier stieht nor ahner,
Dar treht genung; freilich, die is e gut Dahl klahner.
De Borrem reiwe se dort als met Bettstreich ein,
Daß mer hibsch falle kann, un daß er glatt soll sein.
Die glasern Deere dun grad uff enanner ziehe;
Wammersch Gicht noch net hot, de kammersch do noch kriehe.
Noch ebbes, denkt emol, uff bade Seite,
Eich hun mich drum befroht, 's sein Getze vun de Heide,
Stiehn der su Stadewa vun weiße Marmelstahn:
Nix um hun die, fui Deiwel! un nix an.
Vum gruße Saal, do gieht mer in die Newwestubb,
Do sein die meerschte Leit un spiele uff ahm Trupp.
Dort hun se uff em Disch su e rund Ding im Spiel,
Deß leeft erum, wies Rad annere Kaffeemiehl.
Wies is, deß waß eich net, eich glab, 's sitzt ahner unne,
Un wo des Kiehelche hinleeft, dar hot gewunne.
Dort fliehe die Karlin im Aheblick eweck,
Bald hin, bald har, mer mahnt des Geld wär Dreck.
Do mache, die verlehrn, Gesichter, wie e Bauer,
Wanns Hußge zu em kimmt, ganz deiwelmäßig sauer.
Wammer vorhar wißt, wie dar Klicker fällt zuletzt,
Hätt unserahns emol for Spaß ah druff gesetzt.
Kahn Spiel is des bescht Spiel, dann Weiß, deß is net Schwarz,

Un Eckstahn is kahn Kreiz, un Schippe is kahn Harz.
Kahn Deiwel waaß, ob er gewinne dud, do wett eich;
Der Hunneich is mer lieber, wie der Hätteich.

Deß Spiel ze Wißbad gieht in ahm Stick fort, ahn Leier.
Glei vor em Saal, do is e hibscher Weiher:
Dort kumme Sunndahs Gäscht aus alle Ecke
Un schneire Kumblemender zum Verrecke,
Un duhn was vornehm, ahns dem annern um die Wett,
Grad als wann Alles Geld volluff ze fresse hätt.
Die dreiwe der vun ahns bis in die Nacht ehr Wese;
Die meerschte kumme an un fahre fort in Schese.

Ehr Leit! wann der noch net im Wißbad wart,
Gieht hin, ahnmol ze siehn, es is doch der miwwarth.
Naun war eich driwwe; hots aach nix gebatt,
Seht mer im Sprichwort, no, do hots aach nix geschatt! –
Ja schehn! – Mein Knolle Geld war fort in ahner Woch,
Die Knolle vum mein Gicht, adjes! die hun eich noch.

Wohltätiges Wunder

Ernst Penzoldt

Nahe am Herzen der Erde muß wohl ein Ort liegen, wo heiße Quellen entspringen, wie es in Wiesbaden geschieht, dem uralten Heilbad am Taunus. Was die Zivilisation künstlich schuf: hier strömt es verschwenderisch von Natur seit Urzeiten, Sommer und Winter, Tag und Nacht. Ein beunruhigender, unheimlicher Gedanke fürwahr, wenn man es recht bedenkt, dem verwandt, der uns überkommt, wenn wir in die brodelnden Feuertöpfe der Vulkane schauen, in die „entzündte Erden". Wirkung und Ursache verwechselnd, glaubt der Mensch, die allgütige Natur lasse diese gar nützlichen Quellen einzig um seinetwillen fließen zur Heilung seiner mannigfachen Gebresten. Dennoch bleibt es ein ehrfürchtiges wohltätiges Wunder. Wir lesen in alten ärztlichen Badevorschriften, daß ohne Gebet und Danksagung die rechte Heilung sich nicht einstelle, und der Gebrauch des lebendigen Wassers, „der heißen salzigen Zähren, die die Erde weint", zwingt den Kranken von selbst, heute wie ehedem, zu einer Art Kult nach besonderem Zeremoniell. Das Wasser verlangt Enthaltsamkeit und Mäßigkeit. Es schreibt Ruhe vor und ordnet den Tageslauf wie nach mönchischen oder philosophischen Regeln. Nicht von ungefähr hat die Architektur der Kurgebäude und Wandelhallen etwas tempelartiges.

Die Heilquellen sind die eigentlichen Gründer der Stadt. Von ihnen aus wurde das Land regiert und verwaltet, als wohne ihnen eine segensreiche Kraft inne, die sich überträgt und deren Nähe Macht verleiht. Sie waren der natürliche Mittelpunkt einer wechselvollen Geschichte. Wenn die Stadt durch Krieg, Feuersbrünste und Pestilenz verwüstet, verarmt und entvölkert lag, dann waren es die nie versiegenden, nie versagenden Brunnen, die immer wieder unternehmende Zuwanderer verlockten, sich der verödeten und verwahrlosten Badhäuser anzunehmen und sie wieder in Stand zu setzen. Denn der Ruhm der Quellen überdauerte die Heimsuchungen.

Nymphen wohnten nach dem Mythos der Alten in heiligen Quellen, Götter in den Strömen. Man verehrte sie und opferte ihnen. In Volksmund und Märchen leben die guten und bösen, unglücklich liebenden Wassergeister fort, die in der Tiefe der Brunnen hausen, zuweilen heraufkommen zu den Menschen und in ihr Schicksal eingreifen oder nur das Wasser wallen machen, damit man merke, sie seien noch da. Es war die fromme Scheu vor der Wunderkraft des Wassers, die die Brunnensagen entstehen ließ. Es ist der Geist des Wassers, der auch die äußere und innere Lebensform des Menschen beeinflußt. Als wären aus den Tagen der bäderkundigen Römer nicht nur Namen und Mauerreste geblieben, ist hier, begünstigt durch das milde Klima ein Fluidum spürbar, das man antikisch nennen darf. Dieses Fluidum mag vielleicht auch der unbewußte Anlaß zur Gründung des Bades am Neroberg gewesen sein. Es liegt am Wald umfriedet von Weingärten auf der Höhe. Ihm zu Füßen liegt die geschäftige, betriebsame Welt, beinahe fremd für die nackten Menschen, die hier unter freiem Himmel baden und mit den Kleidern gleichsam das lästige zivilisatorische Beiwerk abgelegt haben. Es ist eine olympische Stätte, von Oleander und Iris umblüht, ein Ort mit südlichem Charakter.

Freilich, es gibt Kraftwagen, Flieger ziehen durch die Lüfte, drüben am Rhein fahren Dampfer und die natürlichen Quellen und Bäder haben durch die Technik eine gewaltige Steigerung der Bequemlichkeit erfahren. Dennoch besinnt sich der Heilungsuchende, hier mehr als sonst, auf das ihm von der Natur zuerkannte, durch seine Haut be-

grenzte nackte Leben und den ihm innewohnenden Geist. Wie auch immer, warum soll die leibliche Erneuerung und Reinigung durch das Wasser, in das man steigt, das man trinkt, nicht auch seelisch verstanden werden und auf das Göttliche, auf das Unsterbliche bezogen werden? Das Wort Genesung bedeutet mehr als ein körperliches Gesundwerden. Es meint auch den seelischen Zustand.
Nahe am Herzen der Erde, aus der die heißen Quellen springen, liegt Wiesbaden. Der Ruhm seiner wundertätigen Brunnen geht durch die ganze Welt. Es ist ein heiliger Bezirk.

Bürgerleben und Vergnügen – Stimmungsbilder und Erinnerungen

Theatererlebnis im Jahr 1779

Die Graf Strunskysche Schauspielergesellschaft gibt hier, während der Badezeit, wöchentlich dreymal Vorstellungen, zu welchem Behuf man, in Ermangelung eines Schauspielhauses, auf einem nicht großen und unansehnlichen Saal ein elendes Theater zusammengeflickt hat. Nur ein einzigesmal trieb mich die Neugierde hinein, als man den „Mann nach der Uhr" aufführte. Nie wurde Thaliens Heiligthum so entweiht, und nie die Sprache so gemißhandelt. Auch die Musik war schlecht, und die Erleuchtung so ärmlich, daß man kaum die übel conditionierten Decorationen und Kleidungen erkennen konnte. Demohngeachtet gab es Leute, welche Geschmack daran fanden und dieser lebendigen Marionetten-Komödie manchen schönen Sommerabend aufopferten.

Trinkwasser

G. H. Ritter

Alle gegrabenen Brunnen der Stadt sind salzig und enthalten so viel muriatische Soda, dass sie nicht zu trinken sind; besonders im Sauerland ist der ganze Boden voll warmer Quellen. Nur ein trinkbares Wasser hat die Stadt auf dem Marktplatz; es ist aber nur periodisch trinkbar, bei anhaltendem Regen und Thauwetter ist es trübe und milchig und ungenießbar.

Der Schulweg

Wilhelm Heinrich Riehl

Wir Biebricher hatten den prächtigsten Schulweg, da wir als zehnjährige Knaben das Pädagogium (die Lateinschule) zu Wiesbaden besuchten. Früh morgens halb sechs Uhr sammelten wir uns in den Gassen, wer nicht bereits marschfertig vor der Thüre stand, der wurde mit dem Appell des nassauischen leichten Bataillons aus dem Hause gepfiffen, und dann stürmte die kleine Rotte lustig vom Rheine durchs Dorf und durch Mosbach über den Berg nach Wiesbaden, fast fünfviertel Stunden Wegs, in jeder Jahreszeit und bei jedem Wetter.

Im Winter war's besonders schön, da brachen wir erst um halb sieben auf, traten gar manchmal die erste Spur in den frischen Schnee und fanden es weit vernünftiger, bis an den Leib durch die Schneewehen des Chausseegrabens zu waten, als mit den andern Leuten oben auf dem Fußpfad zu gehen; mein besonderer Stolz aber war dann eine kleine Laterne, welche ich im Dunkel voranleuchten und trotz Morgenrot und Sonnenaufgang bis zu den römischen Ruinen der neuen katholischen Kirche fortbrennen ließ, um, wie man sagt, dem Tage die Augen auszubrennen. Jene Kirche im Stile des Pantheon war übrigens, nebenbei bemerkt, von einem scharfen Theoretiker gebaut, welcher klar bewies, daß Fundamente ein höchst kostbarer Ueberfluß seien; er brachte auch den stolzen Säulenbau fast ohne alles Fundament nahezu bis ans Kreuz auf dem Dache; da hatte die Kirche eines Nachts das Unglück, zusammenzufallen. (...)

In diesen Morgenstunden war die Landstraße außer von Spatzen und Goldammern gewöhnlich nur von Leuten belebt, welche durch ihr Geschäft zur Stadt geführt wurden, oder von Bauern, welche in den Akker gingen; wir gingen auch in den Acker, aber in einen lateinischen, und wie viel stolzer war unser Schritt, der nach Zumpts, Gellerts und Pfeffels Rhythmen einherschwebte! Da zogen die Gunsenheimer Gemüsweiber an zwanzig Mann hoch zu Markte; sie hatten ihre schweren Körbe bereits im Nachen über den Rhein gefahren und in Biebrich allesamt auf einen Wagen geladen, den der Hammartin, ein hinkender Fuhrmann, mit einem lahmen Gaule führte, und liefen neben dem Wagen her und schnatterten durcheinander wie eine Gänseherde: wir aber übertönten sie weitaus, Lichtwers „Tier' und Menschen schliefen feste" im Chor sprechend. Was wußten die armen Weiber, was wußte der Hammartin von Lichtwer! Oder es kamen Biebricher Handwerker, welche in die Stadt gingen, Rohstoffe einzukaufen; wir erzählten

uns, einer dem andern das Wort aus dem Munde nehmend, die Geschichte von Cyrus und Astyages, damit wir sie um zehn Uhr in der Geschichtsstunde wiedererzählen konnten. Was war diesen Schustern und Schneidern Astyages, ja was war ihnen Cyrus! Wir fühlten uns als die wahren Herren der Landstraße, und höchstens sank uns der Mut, wenn früh morgens ein Hase über den Weg sprang: da hemmten wir unsere Lichtwerschen Trochäen und gingen erschrocken dreimal drei Schritte rückwärts; denn hätten wir solchergestalt nicht den bösen Angang zunichte gemacht, so würde uns sicher Strafarbeit im Laufe des Tages geblüht haben.
Außer den Hasen vermochte nur eines noch unsere Studien zu unterbrechen: der Mainzer Schauspielerwagen. Wann der kam, dann hielten wir allemal inne und schauten auf. Es war ein großer Omnibus, schwer befrachtet mit schönen Damen und Herren, mit der ganzen Oper oder Tragödie, welche heut abend über die Wiesbadener Bretter gehen sollte; denn Mainz und Wiesbaden hatten damals gemeinsames Personal für ihre zwei stattlichen Schauspielhäuser und die dramatische Kunst fuhr so herüber und hinüber, einen Tag um den andern, und nur im Winter beim Eisgang blieb sie so lange an einem Orte liegen, bis der Rhein entweder eisfrei oder so fest gefroren war, daß er den Thespiskarren tragen konnte. Den Mainzer Schauspielerwagen aber ignorierten wir nicht vornehm wie den Gunsenheimer Gemüsewagen; wir begrüßten ihn mit lautem Jubel und Hurra, denn warum soll die Wissenschaft die Kunst nicht begrüßen? Diese Frauenzimmer, welche so artig aus den Wagenfenstern blickten, fuhren auch zu ihrem Tagewerke, allein dasselbe war gleich dem unsrigen den Musen geweiht, und also achteten wir die Passagiere des Theaterwagens für die einzige ebenbürtige Gesellschaft, welche sich morgens mit uns auf der Straße bewegte.

Der Bauer vor Amt

Joseph Kehrein

Sa emol, Berrelbibche, Lumpebibche, gih emol eriwwer, ich muß D'r emol verzehle, wie m'rsch letzt emol uff'm Justizamt gange hot; do

kannste sihn, wie sich's Virreche erausgebisse hot, dene Harrn geheniwwer.
Do kimmt'r emol uff en Morjend su e Karle mit eme blooe Rock mit geele Knepp dron, su e Amtsdiener un seht D'r: Gurre Morje, Virreche, sahre. Gurre Morje! sahr ich aach. Do sahre: Virreche, sahre, en scheene Gruß vum Harr Justizrath, sahre, un des Virreche meecht Morje frih emol uff's Justizamt kumme, sahre. Bon, sahr ich D'r do, des Virreche werd kumme. Aber, sahr ich, Virre, sahr ich, was werd D'r dann des Justizrathsvirreche met mer wolle, sahr ich. – Virre, sahre, des iß „Dienstgeheimniß". Bon, sahr ich, des Virreche werd kumme. –
Jetzt paß uff, Berrelbibche, wie sich die Sach entwickelt hot. De annere Morjend hun ich mich ewe gepotz, wie 's Sitte iß, wann m'r bei die Harre giht, ich hun D'r ewe all mein plattert Gescherr angetho(n) un sein D'r hi(n) gange. Wie ich D'r do in die Amtsstub enein kumme, do saht ich D'r ganz fest: Gurre Morje, meine Harre, sahr ich. – Gurre Morje, Virreche, sahre se D'r mich all met enanner. Do hest De awer sehn solle, wie se D'r all met enanner angeguckt un die Ferrekeil newe hin geleht hun, dann su e kräftig Ansprooch war en bis dato noch net vorkumme.
Do druff sahr ich, meine Harre, sahr ich, wo sitzt dann des Justizrathsvirreche, sahr ich. Do stund Aaner uff un saht: „do drin sitzt's." Bon, sahr ich, un gung D'r enei(n) – Wie ich D'r do enei(n) kam, do saht ich: Gurre Morje, Harr Justizrath, sahr ich. – Gurre Morje, Virreche, sahre. – Do saht ich: Harr Justizrath, sahr ich, Sie hun mich hierhar bestelle losse, do wollt ich emol frohe, warum? sahr ich. Do sahre: Virreche, sahre, des sollste gleich hehrn, nemm nor erst emol Platz. Nemlich, sahre, dein Soh(n) hot e Scheeßche mache losse bei dem Sattler su un su, un hot's wahrscheinlich vergesse zu bezahle, un do hot dar Sattler jetzt geklaht.
Su, sahr ich, Harr Justizrath, su! 's bleibt doch all mei(n) Lebde wohr: Lumpezeig iß Lumpezeig! Wann des Berrelsattlerche kaa(n) Scheeßche pumpe kann, dann soll's aach kaa mache! Ibrigens, Harr Justizrath, sahr ich, des Berrelbibche soll bei's Virreche kumme, do kann sich's sei(n) Paar Batze hohle, un domit saht ich: Gurre Morje, Harr Justizrath, sahr ich. Gurre Morje, Virreche, sahre, nix fer ungut. Mei(n) Lebde, sahr ich.
Siehste, Lumpebibche, Berrelbibche, su tritt unser Aaner der Owrigkeit geheniwwer uff!

Fasching

Gustav Freytag

... Heut ist Fasching, die der Wiesbadner trotz seiner Gedrücktheit gern in Maskenhabit feiert, nicht auf der Straße, wo nur die Kinder mit Kappen laufen, aber des Abends in jeder Art von Gesellschaften. Auch meinen Jungen hat Hauptmann Bauer vom Theater zu einer Tagesvorstellung „Aladdin oder die Wunderlampe" eingeladen, und ich harre daheim, wie diese Ausschweifung dem Kinde bekommen wird. Mich hält die Witterung, so sonnig sie ist, in der Stube, ich muß meine Wetterbeobachtungen an einer geschwollenen Backe machen.

Wiesbadener Hoftheater

Wilhelm Heinrich Riehl

Wie oft habe ich nicht in den Jahren 1848 und 1849 nachdenklich vor diesem heillosen Kanapee gestanden und in melancholischem Ernste jener Faustscene gedacht, welche das Möbel hierher gefördert hatte! Sie erinnerte mich gar zu lebhaft an unsere Bühnenleitung, sie war deren dramatisches Sinnbild.
Doch ich muß zunächst erzählen, was das denn für eine Bühnenleitung gewesen ist, und wie ich mit zu derselben gekommen bin. Das Wiesbadener Hoftheater hatte in der vormärzlichen Zeit bedeutende Zuschüsse aus den Privatmitteln des Herzogs erhalten. Mit der Revolution von 1848 hörten dieselben auf und das Theater würde zu Grunde gegangen sein, wenn nicht der Landtag eine jährliche Subvention von zwanzigtausend Gulden aus Staatsgeldern bewilligt und die Gemeinde gleichfalls in den Säckel gegriffen hätte. Allein beides nur unter dem Beding, daß die alte Kavaliersintendanz aufhöre, daß die Bühne reformiert, idealisiert, daß sie konstitutionell verwaltet, das heißt unter eine Oberleitung von Vertrauensmännern gestellt werde, welche dem Ministerium und durch dieses dem Landtage verantwortlich seien. „Vertrauensmänner" gab es damals überall, warum nicht auch im Theater? Diese Vertrauensmänner nannte man die Theaterkommission.

Sie war aber nicht etwa bloß ein Beirat, sondern sie dirigierte wirklich, mit Hilfe der Regisseure, sie ersetzte die gefallene Intendanz. Im echten Geiste jener Tage war sie verantwortlich nach allen Seiten: nach oben dem Ministerium, nach unten dem Publikum, nach links dem Landtage und nach rechts dem Magistrat. Woraus man vielleicht folgern möchte, daß diese Kommission vor lauter Verantwortlichkeit kein Glied habe rühren können; allein wir schrieben 1848, und damals hatte freie Hand, wer den Mut besaß, Kopf und Hand zu gebrauchen. Und diesen Mut besaßen wir.

Die Mitglieder unseres revolutionären Bühnendirektoriums waren Leute von allerlei Beruf und Zeichen: ein Chemiker, ein Jurist, ein Weinhändler, ein Schriftsteller, ein Philologe und ein Mann, der von seinem Gelde lebte. Wenn so mancherlei Geister vereint dem Theater nicht helfen konnten, so war ihm augenfällig überhaupt nicht mehr zu helfen.

Wir teilten uns derart in die Arbeit, daß der Chemiker, der Jurist, der Weinhändler und der Kapitalist die Oekonomie und die Finanzen überwachten, indes der Philolog und der Schriftsteller (letzteres meine Wenigkeit) die künstlerischen Zügel zur Hand nahmen. Echt republikanisch walteten wir unseres Amtes ohne alles Entgelt und trieben die Strenge der Uneigennützigkeit so weit, daß wir nicht einmal unseren Frauen einen Freiplatz gönnten; wir wollten und sollten bloß ehrenhalber Theater dirigieren. Aeußere Ehre trugen wir aber demungeachtet blutwenig davon. Wir sind meines Wissens während drei Jahren niemals in einer Zeitung gelobt, desto öfter hingegen getadelt worden, und mußten uns also mit der inneren Ehre begnügen.

Wahrlich, wir hatten einen harten Stand. Der Hof mied das Theater, ohne Zweifel, weil er in der neuen Leitung vorab einen groben Protest gegen die alte erblickte; die Demokraten murrten wider uns, weil ihnen das Repertoire zu zahm war, weil wir lieber die Iphigenie gaben als „Keine Jesuiten mehr", lieber den Wallenstein als den ewigen Juden, lieber den Don Juan als „das Weib aus dem Volke" und überhaupt die Grille hegten, daß die Bühne ein Tempel der Kunst und nicht der Parteipolitik sei. Die Spielpächter mit ihrem mächtigen Anhang wurden uns gram, weil wir Ifflands „Spieler" zu geben wagten, während bis dahin jedes Stück, welches seine Spitze gegen die Spielwut kehrte, vom Wiesbadener Theater verbannt gewesen war. Mancher alte Theaterfreund ward zum Theaterfeinde: denn warum hatte man ihn nicht vor allen in die Kommission gewählt? (Thörichte Leute, die sich's so gar reizend vorstellen, das Zepter in dem kleinen Königreiche des Theaters zu führen, namentlich wegen der schönen Schauspielerinnen und Sängerinnen! Keinem Menschen erscheinen diese Schönheiten weniger schön als einem Theaterdirektor.) Die zahllosen ehemaligen Freibillete räsonnierten über uns, weil sie in voller staatsbürgerlicher Gleichheit nun ebenfalls zahlen sollten. Das parteilose Kurpublikum endlich blieb im Sommer aus wegen der unruhigen Zeit, und folglich kamen im ruhigen Winter auch die meisten Wiesbadener nicht ins Theater, weil ihnen der Sommer kein Geld gebracht hatte. An gar manchem schönen Theaterabend hätte man im Parterre Purzelbäume schlagen können, und der Kassierer trug die Tageseinnahme in der Westentasche heim.

Aufführung des „Lohengrin" (1862)

Richard Wagner

Weniger anmutig ging es bei einem gemeinschaftlichen Besuch einer Aufführung des Lohengrin in Wiesbaden ab. Nachdem uns der 1. Akt so ziemlich befriedigt und in gute Stimmung versetzt hatte, geriet die Darstellung während des weiteren Verlaufes in ein Geleise von so empörender Entstellung, wie ich sie nicht für möglich gehalten hätte; wütend verließ ich noch vor dem Schluß das Theater, während Hans (von Bülow) auf Cosimas Ermahnung zur Berücksichtigung des Anstandes, beide jedoch nicht minder empört als ich, das Martyrium der Anhörung des Schlusses bestand.

Mei' Wiesbade

Franz Bossong

Wie lacht mer des Herz, wann ich an mei' Wiesbade denk,
Wann mir schmunzle unn bable, do krieht mer die Kränk;
Denk ich an mei' Freind, un mei' echt hiesig Kinn,

Wir sinn klor unn fidel, wie mir echte all sinn.
Mir redde nit preißisch, nit die hochdeitsche Sprooch,
Mir babble dem Alte unn der Alte noch nooch,
Mir redde su schee' unn su deitsch unn su fei'
Kaa' Sproch uff der Welt kann noch herrlicher sei'!
Drum kreische die Leit, wo mer hikimmt un heert:
Wiesbade is doch die scheenst Stadt der Erd!

Mer studiern die Antike – die Philologe duhns aach –
Unn freie uns heit noch vergangener Dag.
Wie oft duhn mer hörn vun die ältere Leit;
Wie gediege war'sch domols, was vor'n Schwindel iß heit.
Drum halte mer hoch noch de Alte ihr Sitt
Unn mache den neie Schwinnel nit mit.
Mer bleiwe die Virre – unn stolz sinn mer druff,
Unser Lieb zu de Kurstadt die heert nimmer uff.
Drum kreische die Leit, wo mer hikimmt unn heert:
Wiesbade is doch die scheenst Stadt der Erd.

Wie humm mer die Gegend unns Städtche so gern
Drum bleiwe mer hi, giehn nie in die Fern.
Unn wann aaner von uns nach Amerika raast
Nie duht er vergesse, wie die Muddersproch haaßt.
Heert er dort unser Sproch und werd gefroht, wie's em gieht,
Dann is es fester wie Meenz, daß er's Haamweh bald krieht.
Dann kimmt er eriwwer bei uns widder her
Is froh, daß er dehaam is, will fort nimmer mehr.
Drum kreische die Leit, wo mer hikummt unn heert:
Wiesbade is doch die scheenst Stadt der Erd!

Hie is aach so mollig, 's werd Jedem bald warm
Drum lääft aach's haaß Wasser for Reich unn for Arm.
Unn wer emol hie is, krieht's Haamweh nit mih
Der frißt sich eraus unn bleibt dann immer hie! – –
Unn wie is erscht in Mädcher dohier su viel los,
Was hummer manch schnuckrich, manch goldiges Oos.
Mer hunn gure Wei' unn de Rhei' in die Näh,
So was klores un feines giebts nirjends zu seh',
Drum kreische die Leit, wo mer hikummt unn heert,
Wiesbade is doch die scheenst Stadt der Erd.

Die Eröffnung des Königlichen Theaters

Eduard von Winterstein

Die Eröffnung und Einweihung dieses neuen „Königlichen Theaters" war der Auftakt zu den glanzvollen Veranstaltungen, die der Intendant Georg von Hülsen für seinen kaiserlichen Herrn in den folgenden Jahren alljährlich in Szene setzte. Der Eröffnungsabend brachte keine geschlossene Vorstellung, sondern nur die Webersche Jubelouvertüre und im Anschluß an diese den 2. Akt, und zwar nur diesen, aus „Tannhäuser". Auch wir Schauspieler waren ausersehen, bei dieser Festaufführung mitzuwirken. Das ganze Schauspielensemble vom Oberregisseur bis zum letzten Schauspieler mimte die Gäste des Landgrafen. Der Kaiser und sein ganzer Hof waren anwesend, dazu eine große Reihe Fürstlichkeiten sowie fast alle Intendanten und Direktoren der deutschen Theater. (...)
Der zweite Abend, die eigentliche Eröffnungsvorstellung, brachte Schillers „Maria Stuart". Hier lernte ich einen Aufwand an Dekorationen und Kostümen kennen, von dem ich bisher keine Ahnung gehabt hatte. Besonders die Kostüme waren von einem Reichtum, einer Echtheit und Pracht, wie ich es nie für möglich gehalten hätte! Die Schule der Meininger! Die Echtheit der Kostüme war viel wichtiger als die Echtheit der Empfindungen, und die schauspielerischen Leistungen dieser Aufführung, so wie aller derer, die ich in der Folge erlebte, blieben weit hinter den Leistungen der königlichen Kostümateliers zurück. Ich selbst spielte die kleine, aber nicht leichte und sehr wichtige Rolle des französischen Gesandten, Grafen Aubespine. Für das Kostüm dieser Rolle hatte sich der Kostümchef Ludwig Raupp, aus der Schule der Meininger, ganz besonders interessiert und ins Zeug gelegt. Es war ein französisches Renaissancekostüm in Holbeinscher Manier, es war so breit, daß ich kaum durch eine Tür gehen konnte. Ich glaube, ich habe in dem halben Jahrhundert meiner Tätigkeit am Theater nie wieder ein solch fabelhaftes Kostüm auf dem Leibe gehabt. Ich sah aus, als sei ich aus einem Bild im Louvre herabgestiegen. (...)
Meine Freude über die Sorgsamkeit, die man in Wiesbaden dem Kostüm angedeihen ließ, blieb auf die Dauer so ziemlich die einzige Freude an diesem Theater.

Die Kaiserfestspiele

(Aus „Neue Wiesbadener Zeitung")

Während der Kaisertage in Wiesbaden avanzierte die Kurstadt alljährlich zu einer Art Mittelpunkt, wurde sie das Hauptziel vornehmer und berühmter Fremder aus der ganzen Welt; im besonderen kamen viele Amerikaner, in jener Zeit wurde die Grundlage gelegt für die außerordentliche Anziehung die Wiesbaden seither in den U. S. A. ausgeübt hat und noch ausübt. Es gab aber auch vieles zu sehen hier in der „Maifestspielwoche" und in der Schätzung dieser Attraktionen waren – und sind es heute noch – alle Wiesbadener ohne Unterschied der politischen Gesinnung einig: Der tägliche Morgenspazierritt des Kaisers mit Gefolge, später die Meldungen hier weilender Notabilitäten, die Auffahrt der zur Mittagstafel Geladenen, und als pièce de resistance am Abend das Gewühl bei der Fahrt zur „Kaiservorstellung".

So sagt ein Sohn dieser Stadt

Alfons Paquet

So sagt ein Sohn der Stadt von seiner Jugend:
Ich bin hoch über der Straße geboren.
Meine erste Fremde war das graue Mietshaus mit den vielen Fenstern
Und den Türen der Wohnungen an der Treppe und die Falltür über der Leiterstiege
Und die Werkstatt, wo mich die Gesellen auf der Hebelstange reiten ließen.
Ich lief auf der Straße, hinten auf die Wagen zu springen,
Und rannte beim Haschen durch die krummen Gäßchen,
In fremden Höfen, Hausfluren und Dachböden
Mit lautem Herzklopfen mich zu verstecken.
Ich war unter sechzig Knaben in der Schulklasse
Und sah den Kirchturm und die große Uhr
Und den goldstrahlenden Gockel oben auf der Spitze.
Ich war ein Freund des Kastanienbraters an der Ecke

Und des Brezelbuben, der alle Samstag kam;
Ein alter Dienstmann beschenkte mich mit einem Bissen Rettich von seinem Frühstück;
Wenn der Orgelspieler in den Hof kam, sprang ich fort,
Ihm hoch aus dem Mansardenloch ein Pfennigstück hinabzuwerfen,
Oder zum Nachbar Schneider, der sein Fenster aufriß und auf den Leierkasten
Knöpfe hinabwarf, in Papier gewickelt.
Abends stand ich im dunklen Zimmer hemdig hinter dem Fenster,
Hauchte an die Scheibe und wischte einen Kreis hinein
Und starrte in die Tiefe hinunter,
Sah die Leute dicht an den Schaufenstern vorübergezogen
Und die Pferdebahnwagen aufgeregt klingelnd einander folgen
Mit ihren farbigen Lichtern an der Dachstirn.
Immer rollen Wagenräder, das Porzellan im Zimmer schuddert leise,
Pferde rutschen aus auf dem Pflaster,
Eine Frau schreit, Leute laufen zusammen.
Im Bett ausgestreckt lauschte ich den Glocken, als sänge die Erde zum Himmel im Wohlgedröhn,
Und schlief ein, gelullt vom Gesumme der Stadt
Und vom träumerischen Spiel des Lichtscheins an der Zimmerdecke.
Ich habe früh an Sorgen und Freuden teilgenommen,
Vom Vater bewacht, von der Mutter zärtlich unterwiesen,
In der Welt zu sein, aber nicht von der Welt zu sein. (...)

Neureiche

Hans Grimm

Ich sah mehr von den täglichen Erscheinungen in unserer Heimatstadt als er. Mich stieß ab, wie schnell neuer Reichtum zur Geltung kam und wie wenig die Art seiner Träger der verantwortlichen Art des alten Bildungsbürgertums glich und weiter, wie rasch das, was für mich und meine Jungenaugen Preußenwesen vertrat, nämlich Offizier, höhere Regierungsbeamte, und Personen des hohen und niederen Adels, die es in der Heimatstadt besonders reichlich gab, sich zu dem neuen Reichtum und seiner Artlosigkeit, um nicht zu sagen, Unart, hinfand.

Herrschaftliche Stadt

Karl Korn

Kürzlich war ich in einem alten – alt ist in Wiesbaden, was aus den achtziger und neunziger Jahren des vorigen Jahrhunderts stammt – Haus zur Teestunde zu Gast. (...)
Das Haus war weitläufig, mit altem Mobiliar aus gerettetem Familienbesitz, insbesonders mit alten Bildern und Teppichen ausgestattet. Es war so still in den weitläufigen Räumen. Da gab es die typischen großen Glastüren, Veranden, schwere geschnitzte Treppengeländer. Das Gespräch floß wie auf alten Herrensitzen gemächlich dahin. Nicht weit waren der Kurpark und die Weiher, die alten Weiden, die Schwäne, die rauschenden Kaskaden vor den schönen Säulenreihen der Kolonnaden. Man muß wohl älter werden, um in solchen Augenblicken ohne Gram und Bitterkeit an jenes Wort zu denken, das für kaum eine Stadt in Deutschland so charakteristisch ist wie für Wiesbaden, das Wort und den Begriff „herrschaftlich". Vielleicht ist Wiesbaden zu Unrecht und allzu oft wilhelminisch gescholten worden.
Warum eine Stadt anfeinden, weil sie südlich mild im Klima und in der Vegetation, gelassen und genießerisch, ein soziales Element repräsentiert, das weniger den Erwerb als den Verzehr und den Genuß von Vermögen und Besitz betreibt? Wiesbaden hat, als die Herrschaften der kaiserlichen Zeit verarmten und ausstarben, gelitten wie kaum eine andere Stadt in Deutschland. Es hat nach 1918 Jahrzehnte gegeben, in denen das Gepränge mit der Kur und dem gesellschaftlichen Leben hohl und leer wurde.
Aber siehe da, das Wesen der Stadt hat sich als dauerhaft erwiesen. Der gewisse Wohlstand, der heute wieder erreicht wurde, läßt die liebenswürdigen Seiten Wiesbadens neu hervortreten. Die stillen, in lastender Hitze brütenden Sommermittage sind zauberischer denn je. Wiesbadener Abende haben etwas Verführerisches. Wenn die alten Lampen im Kurviertel mildes Licht versenden und in Pelze vermummte Damen über breite Treppen in Konzert- und Theatersäle huschen, Wagenschläge diskret zugeschlagen werden, während die erleuchteten Kaskaden rauschen, kann man sich dem Traum hingeben, die alten Zeiten seien nicht vorüber, es habe keine Untergänge und keine Katastrophen gegeben, das Leben feiere in dieser Stadt seine Feste weiter, als gebe es kein Altern und keinen Schmerz. Vom Rhein gelangt an milden Sommerabenden ein Wehen lauer, feuchter Winde in den Talkessel, und vom Taunus herab geben die Buchenwälder ei-

nen Ruch von Kühle und Frische hinein. Die Stimmung ist festlich erhöht. Die Frauen legen Schmuck an, die Männer versuchen die Gespanntheit aus ihren Mienen zu wischen und mühen sich um die Haltung und Gesten alter Kavaliere. Merkwürdig, wie stark die Stadt solchen Habitus noch immer hervorzulocken vermag, trotz Management und Leistungsbetrieb.

Wiesbaden ist eine weibliche Stadt. Darum dominiert das Gesellschaftliche, darum sind Tanz und Ball, Oper und Spiel geradezu ihre primären Lebensregungen. Vielleicht ist Wiesbaden eine Stadt, in der der heranwachsende junge Mann ein zorniger und protestierender junger Mann sein muß, um sich zu behaupten. Sicher aber scheint mir zu sein, daß Wiesbaden, das weibliche, schöne, weiche, genießerische Wiesbaden erst mit einer gewissen Altersreife verstanden und genossen zu werden vermag. Ich habe die Stadt lange nicht verstanden, obwohl oder weil sie meine Geburtsstadt ist. Schließlich kehrt man heim. Die Stadt schenkt sich dem, der sie mehr verstehen lernte, neu.

Champagner, Zement und Verlage – aus dem Wirtschaftsleben der Stadt

Nahrungsstand, Gewerbe, Künste und Handwerk

G. H. Ebhardt

Wenn wir den jetzigen Nahrungsstand der bürgerlichen Einwohner Wiesbadens beobachten, so werden uns seine Quellen nicht lange verborgen bleiben. Die erste ist das Kapital, welches nicht nur zur Sommerszeit die uns besuchenden Curgäste, sondern auch die das ganze Jahr über ab- und zugehenden Fremden zurücklassen, und welches durch die Bade- und Gastwirthe wieder auf so viele andere Zweige vertheilt wird. Die zweite bildet die beträchtliche Summe der Besoldungen der hiesigen so zahlreichen Dienerschaft und der Gagen der Officiers und Pensionirten, wovon gewiß sehr wenig auswärts verbracht oder zurückgelegt wird. Die dritte Quelle ist der Ackerbau, der in den vorigen Zeiten, wo der Gebrauch der Bäder noch nicht so allgemein, noch die Dienerschaft so zahlreich war, der Stadt die Hauptsubsistenz verschaffte, und ohne welchen sie in den trüben Zeiten, die sie erlebt hat, völlig zu Grunde hätte gehen müssen.

Die Gemarkung der Stadt enthält, ohne den Flächenraum, welche die Gebäude und Gärten einnehmen, 5566 Morgen 60 Ruthen Ackerland, 1222 M. 74 R. Wiesen, 96 M. Weidboden, 357 M. 89 R. Weinbergsboden und 2867 M. 59 R. Waldboden. Wahrlich ein Kapital und ein Grundvermögen, welches sie bei einem angemessenen Viehstande nie wird fallen lassen. Dieser Viehstand belief sich im verflossenen Jahr, an Zugvieh, hauptsächlich für den Ackerbau, auf 194 Pferde und 64 Ochsen, an Nutzvieh auf 432 Kühe, 70 Rinder, 275 Schaafe, 27 Ziegen und 613 Schweine.

Zum speculirenden Großhandel scheint unsere Stadt nicht geeignet, und eben so wenig für große Manufacturen und Fabricken, weil die Lebensmittel für die niedere Klasse der Arbeiter zu hoch stehen.

An Professionisten, Handwerkern und Künstlern ist kein Mangel.

Die Söhnlein KG

Helmut Arntz

Mit einer landesherrlichen Genehmigung vom 7. November 1864 wird die „Rheingauer Schaumweinfabrik AG" in Schierstein bei Wiesbaden gegründet. Ihr jetziger Name Söhnlein-Rheingold KG geht zurück auf Johann Jacob Söhnlein, einen der Mitbegründer und späteren alleinigen Besitzer. Seiner Freundschaft mit Richard Wagner entstammt der Name „Rheingold", angeregt durch die Begeisterung für den Ring-Zyklus. Das Wort wird gleich zu Beginn (1865) für die aus Johannisberger Trauben hergestellten Schaumweine eingeführt und 1894 als Warenzeichen eingetragen.

Der „Rheingold"-Schaumwein wird schon 1867 auf der Pariser Weltausstellung mit der Großen Medaille ausgezeichnet. Viele weitere Prämiierungen folgen in den nächsten Jahren. 1875 befiehlt Kaiser Wilhelm I., daß als Taufwein bei dem Stapellauf aller künftigen Kriegsschiffe der Kaiserlichen Marine „Rheingold" (anstatt, wie bisher, Champagner) zu verwenden ist. Vom Jahr 1877 ab setzt der Norddeutsche Lloyd in Bremen „Rheingold" als einzige deutsche Sektmarke auf die Getränkekarte seiner Schiffe. Die Hamburg-Amerika-Linie und verschiedene andere deutsche und sogar ausländische Schiffahrtslinien schließen sich später an und tragen damit an dem internationalen Ruf von Söhnlein bei – und gewiß auch zum Absatz; denn sonst wäre Johann Jacob Söhnlein vielleicht nicht in der Lage gewesen, König Ludwig II. von Bayern 1885 ein Darlehen von 400000 Goldmark zu gewähren.

Das früh zur Weltgeltung aufgestiegene Unternehmen kann auch unter dem Sohn des Gründers, Kommerzienrat Friedrich Wilhelm Söhnlein, trotz dem ersten Weltkrieg seine Stellung weiter ausbauen. Der zweite Weltkrieg bringt empfindliche Verluste. Der Wiederaufbau wird aber so erfolgreich gemeistert, daß heute die Produktion der Söhnlein KG größer ist als die jeder Einzel-Champagnerkellerei Frankreichs. Ihre Exportinteressen liegen im wesentlichen im Vereinigten Königreich und den Vereinigten Staaten von Nordamerika. (...)

Nach einem im Jahr 1932 geschlossenen und immer wieder erneuerten Vertrag überläßt die Domänenverwaltung Schloß Johannisberg der Sektkellerei Söhnlein alle nicht selbständigen Johannisberger Weine. Dadurch ist sichergestellt, daß der „Fürst von Metternich"-Sekt immer aus rassigen Riesling-Grundweinen der gleichen Rheingauer Lagen hergestellt werden kann.

Champagnerlied

Moritz von Strachwitz

Schlage zum Himmel, Champagnergezisch,
Springe in silbernen Sprudelkaskaden,
Schieße in pochenden, bäumenden Fluten,
Fließe in kochenden, schäumenden Gluten,
Ähnlich dem Bronnen der Quellennajaden,
Drin sich die Glieder der Artemis baden,
Tief in des Idas Zypressengebüsch.

Forme die Perlen von silbernem Schaum,
Die sich erheben aus silbernem Spiegel,
Die in den spitzigen Trichterpokalen
Funkelnd dem hitzigen Strudel entstrahlen,
Die aus der Flasche gebrochenem Siegel
Schweben und tanzen auf duftigem Flügel,
Steigen und sinken im goldigen Raum.

Schlagt auf die Becher mit wirbelndem Schlag,
Daß sie erbrausen in rollendem Falle;
Laßt in den duftigen Tiefen des Nasses
Tanzen die lustigen Geister des Fasses,
Laßt sie in spritzendem, stäubendem Falle
Stürzen aus blitzendem Becherkristalle;
Kurz ist der Jugend moussierender Tag!

Das Haus Henkell

Helmut Arntz

Mit der gegenwärtig größten der deutschen Sektkellereien, dem Haus Henkell & Co. in Wiesbaden, betreten wir den Raum, in dem zu beiden Seiten des Rheins seit alters bedeutende Sektkellereien in großer Zahl liegen, jeweils nur durch wenige Kilometer getrennt: Burgeff –

Henkell – Hoehl – Kupferberg – Matheus Müller – Söhnlein und viele andere.
Die Sektkellerei Henkell geht, wie so viele ihrer Branche, auf eine Weinhandlung und, wie so manches in dieser Welt, auf Urvater Adam zurück. Adam Henkell, 1801 geboren, war als junger Mann nach Frankreich gezogen und hatte dort in den ersten Weinhäusern nicht nur die weintechnische und kaufmännische Basis des Geschäfts erlernt, sondern sich auch mit der Champagnerbereitung vertraut gemacht. 1833 gründet er in Mainz ein Weingeschäft. In den ersten Jahren läßt er Sekt im Lohnverfahren durch andere Kellereien herstellen. Aber schon bald fehlen in den alten Geschäftsbüchern die Notizen, daß Wein, Korken und Kandiszucker den Kollegenfirmen zur Verarbeitung übergeben wurden. Statt dessen berichten eigene Füllungen von jeweils 12000 Flaschen von der Entwicklung einer selbständigen Erzeugung mit rasch wachsendem Absatz.
Nach dem Tode von Adam Henkell übernimmt sein Sohn Rudolf 1866 die Führung; aber auch unter ihm, bis etwa 1890, ist das Haus Henkell nur in bescheidenem Maße am deutschen Sektumsatz beteiligt. Dann aber faßt Otto Henkell den finanziell schwerwiegenden Entschluß, kontinuierliche Werbung zu treiben. Sie führt wegen der Kennzeichnung herber Geschmacksrichtung, die das Publikum jener Zeit schätzt, in Verbindung mit dem Namen Henkell zu einem großen Erfolg. Bis dahin war ein großer Teil der Produkte mit anonymen Etiketten, die meist Phantasienamen der Wiederverkäufer trugen, versandt worden. 1894 wird der Sekt zum erstenmal als „Henkell Trocken" angepriesen. Ganz unbewußt geschieht damals etwas Wesentliches, die demonstrative Aufgabe der Anonymität und die Unterstreichung der so geschaffenen Markenbezeichnung durch den Begriff der Spezialität. Henkell Trocken, mit dieser „trockenen" Geschmacksnote ständig durch Anzeigen ins Bewußtsein gerufen, erringt dem Haus Henkell seine Sonderstellung. Auch heute noch entfallen mehr als 90 Prozent des Gesamtumsatzes auf diese eine Marke.
Jetzt bedarf es allerdings der Übersiedlung von Mainz nach Wiesbaden. In Mainz sind die damals schon mehrere Millionen Flaschen zählenden Lager auf mehr als 50 Keller verteilt, und die zeitraubenden Hin- und Herfahrten durch die engen Gassen dienen zwar der kostenlosen Verproviantierung der Straßenjugend, doch nicht der Wirtschaftlichkeit. Als die Stadt Mainz die Erlaubnis zum Bau einer alles zusammenfassenden Kellerei verweigert, wird durch den damals noch jungen, später so berühmten Architekten Paul Bonatz 1907 bis 1909 das großzügige Gebäude auf dem Henkellsfeld errichtet. Fritz von

Ostini bezeichnet es als „eine industrielle Anlage, die zugleich ein einheitliches Kunstwerk und ein Meisterwerk der Technik ist". 1912 stirbt Rudolf, 1929 auch Otto Henkell. Drei leitende Glieder der Familie Henkell fallen im zweiten Weltkrieg; die Schwere der Folgezeit bis 1952 läßt sich rückblickend kaum noch ermessen, zumal Henkell längst wieder den traditionellen Platz eingenommen hat. (...)

Rauchfreie Stadt

Carl von Ibell

Es gibt Städte und Orte, wo jeder neue Fabrikschornstein mit Freuden begrüßt wird. Es gibt aber auch Städte, wohin sich die Menschen aus diesen schornsteinreichen und rauchgefüllten Gegenden zur Erholung, zur Ruhe und zum Genießen schöner Luft zurückziehen. Solch eine Stadt ist auch Wiesbaden ... Meiner Ansicht nach darf die Industrie in unseren Gemarkungsbezirk nicht hereingezogen werden. Wir können aus der Umgegend die Industrie freilich nicht fernhalten. Erst bei größerer Eingemeindung in Wiesbaden ... können wir der Entwicklung einer Industrie nähertreten. Dann wird unserer Industrie im Südwesten der Stadt ein Platz anzuweisen sein, entfernt von der am Wald gelegenen Stadt.

Das Fresenius-Institut

Gesuch des Gewerbevereins zu Wiesbaden
an die nassauische Landesregierung

Wiesbaden, den 4. Januar 1846

Das Bedürfnis, die chemischen Wissenschaften in immer weiteren Kreisen zu verbreiten und für das Leben praktisch nutzbar zu machen,

wird in der neueren Zeit, wo die Chemie einen bewunderungswürdigen Aufschwung genommen hat, immer fühlbarer. Namentlich ist es aber für die Gewerbe von außerordentlicher Wichtigkeit, daß ein Institut bestehe, welches zur Beantwortung technischer Anfragen, welche in das Gebiet der Chemie einschlagen, geeignet ist.
Ein großer Teil der Gewerbe beschäftigt sich nicht allein mit Formveränderungen, sondern ist wesentlich auf chemische Umgestaltung der Stoffe begründet; wir heben hier nur die im Herzogtum so höchst wichtige metallurgische Industrie hervor. Die Konkurrenz derselben mit dem Ausland wird bei der zunehmenden Teuerung des Brennmaterials und bei dem ungenügenden Zollschutz immer schwieriger, und es ist daher sehr notwendig, daß diese Industrie durch Vervollkommnung der Schmelzprozesse zu einem möglichst hohen Standpunkt erhoben werde. Dies ist aber nur durch Hilfe der Chemie zu bewerkstelligen. Viele Aufgaben sind in diesem Felde noch zu lösen. Die zur Verarbeitung kommenden Erze, ebenso sämtliche Hüttenprodukte müssen chemisch analysiert werden, um zu gründlichen Resultaten zu gelangen. In neuester Zeit ist durch Analyse der Schwefel- und Kupferkiese im Dillenburgischen ein ganz neuer Industriezweig, nämlich die Darstellung des Nickelmetalls, hervorgerufen worden. Gerade in dieser Produktion ist aber eine fernere, auf wichtigen chemischen Prinzipien beruhende Ausbildung sehr notwendig, wenn dem Herzogtum alle Vorteile, welche das Vorkommen des Nickelmetalls darbietet, in vollem Maße zugute kommen sollen.
Was hier beispielsweise von der metallurgischen Industrie angedeutet wurde, findet auf sehr viele Gewerbe Anwendung, wie Gerberei, Seifensiederei, Branntweinbrennerei, Bierbrauerei usw. ...
Wir erlauben uns daher, die Gründung eines größeren chemischen Laboratoriums zu befürworten und gehorsamst zu bitten, dieser für die Landesinteressen höchst wichtigen Angelegenheit gefällige Berücksichtigung angedeihen zu lassen. ...
Das Studium der Chemie in den verschiedenen Lehranstalten wird stets mehr eine theoretische Richtung verfolgen müssen. Die Erlernung der Chemie als eine auszuübende Kunst kann nur in größeren, eigens dazu bestimmten Laboratorien, und zwar am vorteilhaftesten nach Beendigung des Schulkurses, stattfinden.
In vielen Staaten werden ähnliche Institute begründet. So tritt namentlich in London in diesem Jahr eine chemische Akademie in das Leben, welche die größten Vorteile für die Industrie verspricht. Um so weniger ist es daher rätlich, hierin zurückzustehen, und wir wiederholen daher dringend unsere gehorsamste Bitte, herzogliche Landesre-

gierung möge die der Zweckmäßigkeit der Gründung eines allgemeinen chemischen Laboratoriums geeignet erscheinende Aufmerksamkeit nicht versagen.

Superphosphat aus der Lohmühle

Heinrich Albert

Ich hatte das Glück (April 1858), eine kleine Mühle (Lohmühle) ganz in der Nähe von Biebrich zu finden mit dreieinhalbjährigem Pachtvertrag in der Voraussetzung, während dieser Zeit so viel zu verdienen, um später am Rhein eine kleine Fabrik mit Dampfkraft einrichten zu können. Diese Voraussetzung hat sich vollständig erfüllt. ...
In welchem Maße es möglich war, auf der Lohmühle mit zwei Wasser-Pferdekräften aus einem kleinen Anfang eine gewisse Massenfabrikation fertigzubringen, soll hier kurz beschrieben werden, da es zeigt, wie ich es verstanden habe, gegen zwei große Düngerfabriken (Griesheim und Klemlennig, Mannheim) mich zu behaupten. Diese Fabriken waren bereits im Gange. Ich fabrizierte einen sogenannten künstlichen Guano, indem ich eine Mischung von wollenen Lumpen, Horn, Klauen, Leder und Haaren in konzentrierter Schwefelsäure auflöste und nachher mit Knochenkohlenabfall aus Zuckerfabriken absättigte, um so ein stickstoffhaltiges Superphosphat von großem Gestank herzustellen. Die Knochenkohle war glücklicherweise von der großen Zuckerfabrik Waghäusel aus sehr billig zu erhalten, da sie bisher zu Spottpreisen nach Nantes und Brest zur Urbodendüngung verschleudert worden war.
Dies Fabrikat bildete die Grundlage zu gutem Absatz. Die Hauptsache war, die Bauern zu bewegen, die Sache anzuwenden. Durch belehrende Flugschriften, außerdem persönliche Vorträge von meinem Bruder und mir in den Bauernortschaften wurde das Fabrikat zunächst eingeführt. Die Hauptsache war, ein Cirkular zu schreiben, welches den Bauern in verständlicher Weise die bisher gemachten Erfahrungen vor Augen führte, um sie zur Verwendung anzuspornen. Die Haupthilfe der Einführung aber kam von selbst. Am ganzen Rhein entlang war in

den trockenen Jahren von 1857 an Klee und Luzerne nicht mehr herausgewachsen, und es entstand eine große Not, das Viehfutter zu beschaffen, da mit schlechtem Futter überall Knochenbrüchigkeit des Rindviehs und der Pferde eingetreten war. Bei meinen Vorträgen in Rheinhessen traten sofort die Bauern auf und fragten: „Ja, Herr Albert, wenn Sie uns das Rezept geben können, die Kleemüdigkeit des Bodens aufheben zu können, um wieder gutes Futter, das uns fehlt, für die Viehzucht zu gewinnen, dann werden Sie reich, und wir sind nicht genötigt, nach Amerika auszuwandern, weil wir uns sonst nicht mehr ernähren können."

Ich antwortete darauf, daß ich ihnen wohl dieses Rezept geben könne, nur ist es etwas teuer, da ihr eine dreifach starke Superphosphatdüngung geben müßt, um nicht allein den Obergrund, sondern auch den Untergrund kräftig zu düngen, damit Klee und Luzerne wieder voll gedeihen können. Ihr müßt ungefähr fünf Zentner Superphosphat pro Morgen anwenden, die Hälfte davon einpflügen, dann werdet ihr wieder gute Ernten erhalten. Es war wunderbar, mit welchem Vertrauen die Landwirte zu diesem Mittel griffen und gerade unserer Fabrik damit ein ganz besonders guter Absatz gebracht wurde. Das war der Anfang zur zukünftigen Größe der Fabrik.

Nach Ablauf der Pacht im Herbst 1861 gründete ich dann eine kleine Fabrik auf einem billig erworbenen Grundstück in Amöneburg, nachdem der Herzog verhindert hatte, auf nassauischem Gebiet die Fabrik anzulegen. Von da ab blieb das Zentrum meiner Tätigkeit dort in Amöneburg. ...

Von 1861 bis 1865 wurde eine Einrichtung, für gedämpftes Knochenmehl zu machen, ausgeführt. Für die harten Knochen wurde eine Knochenverkohlungsanstalt eingerichtet, in welcher in eisernen Retorten die Knochen geglüht wurden. Das Knochengas diente zur Fabrikbeleuchtung. (Eine Erfindung von mir.) Eine bedeutende Menge Ammoniak wurde mit Schwefelsäure abgesättigt, um schwefelsaures Ammoniak herzustellen. Der Nutzen aus dieser Anlage trug wesentlich bei, weitere Vergrößerungen in der Superphospatfabrik einzuführen. ...

In den sechziger Jahren waren die Anilinfabriken mächtig emporgeblüht und dieselben hatten große Mengen Schwefelsäure und Salpetersäure zu verwenden, die Stickstoffverbindungen aus Teerölen mit Salpetersäuren zu oxydieren; die rückständige salpetersäurehaltige Schwefelsäure wurde von mir, Mannheim und Köln aufgekauft und ebenfalls zur Superphosphatbereitung benutzt. Alles wirkte günstig zusammen, schöne Verdienste jährlich zu machen. ...

Hier glückte es mir wieder nach verschiedenen Umbauten der Abdampf-Öfen, eine Großfabrikation für Doppelsuperphosphat einzurichten, welche in den nächsten zwei Jahrzehnten die Hauptgrundlage war, mit durchschnittlich Mk. 400000,– Verdienst zu arbeiten. So konnte ich auch dazu schreiten, die Schwefelsäurefabriken einzurichten und jährlich zu vergrößern und bald zu sehr großer Leistungsfähigkeit auszubauen. ...
1875 war die Anlage einer Doppelsuperphosphat-Fabrik begonnen worden und wurde allmählich zu einer großartigen Fabrikation gesteigert, so daß nach ca. zwei Jahren jeden Tag zehn Waggons Phosphoritmehl zur Verarbeitung gelangten mit der entsprechenden Menge Schwefelsäure. Auch wurde phosphorsaures Natron chemisch rein im großen hergestellt. In Biebrich war also die Superphosphatfabrik allmählich zu der größten von Deutschland und vielleicht der ganzen Welt geworden.

Aus der „Fabrik-Ordnung für die Arbeiter der Portland-Cement-Fabrik" von 1869

§ 2

Während der Arbeitsstunden darf sich Niemand ohne besondere Erlaubniß von seiner Arbeit entfernen, oder gar vom Fabrikplatz gehen, welches letztere überhaupt nur in dringenden Fällen gestattet werden soll.
Zuwiderhandlungen sind einer Geldstrafe bis zu einem Gulden unterworfen und können in Wiederholungsfällen sofortige Entlassung herbeiführen.

§ 3

Derjenige Arbeiter, welcher sich nicht zur rechten Zeit und pünktlich bei der Arbeit einfindet, verliert eine Stunde von seinem Taglohn. Erstreckt sich die Verspätung über eine Stunde hinaus, so verliert er jeweils das Doppelte von der versäumten Zeit. Wiederholungsfälle dieser Art berechtigen zur sofortigen Entlassung. Die Controle führt der Werkführer, der für die Richtigkeit seiner Angaben verantwortlich ist.

§ 4

Ein jeder Arbeiter hat die ihm übertragene Arbeit im Interesse der Fabrik-Eigenthümer mit Eifer und möglichstem Fleiß auszuführen, sich daneben während der Arbeitszeit einer sittsamen Ruhe zu befleißigen und sich aller Communicationen mit seinen Mitarbeitern, soweit sie nicht zur Arbeit gehören oder dieselbe stören, zu enthalten. Für die genaue Befolgung dieser Vorschrift hat insbesondere der einer jeden Abtheilung vorgesetzte Aufseher oder Vorarbeiter bei eigener Verantwortlichkeit zu haften. – In gleicher Weise ist derselbe verpflichtet, diejenigen Arbeiter, welche sich weigern, seinen Anordnungen Folge zu leisten, sich nachlässig in der Arbeit beweisen oder auf irgend eine Art zu Beschwerden Veranlassung geben, beiden Dirigenten der Fabrik zur Anzeige zu bringen.

§ 5

Die Arbeiter haben sowohl den Fabrik-Eigenthümern, als auch den ihnen vorgesetzten Aufsehern und Vorarbeitern unbedingt zu gehorchen. Ungehorsam, Widerspruch und Widersetzlichkeit, sofern deren Verbüßung durch eine Geldstrafe nicht angemessen erscheinen sollte, können durch augenblickliche Entlassung geahndet werden.

§ 11

Die Arbeiter sind für die ihnen zur Arbeit übergebenen Geräthe und Werkzeuge verantwortlich, insbesondere haben sie solche, wenn sie durch ihre Schuld verloren gehen oder beschädigt werden, zu ersetzen oder wiederherstellen zu lassen. Wird der Thäter eines verlorenen oder beschädigten Stücks nicht ermittelt, so haben je nach Umständen alle Diejenigen, welche in der Regel die Geräthe benutzen, für deren Ersatz einzustehen. Gleiches gilt von zerbrochenen Scheiben, die, wenn der Thäter nicht zu ermitteln ist, auf Kosten der im Local arbeitenden Leute erneuert werden. (...)

§ 13

... Jeder Arbeiter hat, wenn er aus seinem Dienste treten will, diesen vorher zu kündigen und zwar acht Tage vor dem Tage, an welchem er austreten will. Das gleiche Recht kann er auch von der Verwaltung beanspruchen, welche ebenfalls acht Tage vorher zu kündigen hat, sofern nicht seine sofortige Entlassung durch Vergehen gegen die Fabrikordnung veranlaßt wird.
Verläßt ein Arbeiter ohne diese Kündigung die Arbeit, so verfällt der bis dahin verdiente, ihm noch nicht bezahlte Lohn der Krankenkasse.

§ 14

Alle Strafgelder, welche aus den Zuwiderhandlungen gegen dieses Reglement hervorgehen, fließen in die Krankenkasse, welcher jeder Arbeiter, der nicht nachweisen kann, daß er schon einem andern Krankenverein angehöre, beizutreten verpflichtet ist.
Als Beitrag zur Krankenkasse hat jeder Arbeiter einen Kreuzer vom Gulden seines Verdienstes zu entrichten, der ihm am Lohn gekürzt wird.

Von Leipzig nach Wiesbaden: der Brockhaus Verlag

Arthur Hübscher

Am 8. Juni 1945 verabschiedete sich Hans Brockhaus von seinen Mitarbeitern in der Querstraße, er versprach, auch im Westen für die alte Firma und die Menschen, die in ihr arbeiteten, tätig zu sein; und als er jedem einzelnen die Hand schüttelte, standen manchem die Tränen in den Augen. Vier Tage später reiste man ab, ins Ungewisse, unter amerikanischem Geleit: vier Leipziger Verleger mit Frauen und Kindern, in einem uralten Omnibus und dem kleinen Mercedes der Firma Brockhaus zusammengedrängt: Dr. Klemm von der Dieterich'schen Verlagsbuchhandlung mit zwei Mitarbeitern; Dr. h. c. Hauff vom Verlag Georg Thieme, Dr. Friedrich Michael vom Insel-Verlag, dazu Dr. Georg Kurt Schauer für den „Börsenverein" und das „Börsenblatt". Hans Brockhaus hatte Dr. Pfannkuch, den Chefredakteur des Lexikons, mitnehmen dürfen. Den Schluß der Autokolonne bildete ein Lastzug mit Akten und Archivalien und 500 kg notwendigstem Bedarf je Person — Bücher zum Verkauf durften nicht mitgenommen werden.
Wehmütige Gefühle beherrschten die Reisenden. Ahnten sie, daß dieser Augenblick auch für die Geschichte des deutschen Buchhandels von entscheidender Bedeutung war? Hans Brockhaus weiß darüber zu berichten: „Die immer wieder verschobene Fahrt begann schließlich am 12. Juni in der Karl-Tauchnitz-Straße um 10 Uhr. Unvergeßlich

das Gefühl: ‚Zu neuen Ufern lockt ein neuer Tag', unvergeßlich aber auch der Eindruck, daß Thüringen – Weimar, Eisenach, die Wartburg – dem Osten zufallen sollte, unvergeßlich die auf der Autobahn Leipzig–Hersfeld–Frankfurt entgegenkommenden Lastautos, geschmückt mit roten Fahnen, die entlassene russische Kriegsgefangene zwangsweise zurückbrachten ... zwei Welten begannen sich zu scheiden."
Noch am Abend kam man in Wiesbaden an, die Nacht wurde auf Bänken oder im Bus verbracht, tags darauf gab es einen freundlichen Empfang beim Magistrat, später beim Regierungspräsidenten, der Bürgermeister gab ein festliches Abendessen im „Ratskeller". Wiesbaden bemühte sich, Verlegerstadt zu werden: für eine Kurstadt waren Betriebe, in denen es säuberlich herging, ohne Rauch und Geräusch, das Richtige. Die Zusammenarbeit zwischen Magistrat, Regierung und der Leipziger Verlegergruppe blieb so, wie der gute Empfang es verhieß.
Der Anfang freilich in der vom Bombenkrieg mitgenommenen und mit starker amerikanischer Besatzung belegten Stadt war sehr bescheiden. Für Büroräume der Verleger war das „Tagblatthaus" in der Langgasse von Paris aus beschlagnahmt worden; die Firma Brockhaus erhielt zwei Zimmer im ersten Stock. Zwei Monate später wurde das Haus einem Zeitungsbetrieb übergeben, die Verlegergruppe mietete sich nun im „Pariser Hof" ein, einem einst schmucken Hotel in der Spiegelgasse, das durch lange Einquartierung heruntergewirtschaftet war. Zu den Erstgekommenen hatte sich die Firma Breitkopf & Härtel – aus eigener Initiative – hinzugesellt; auch Wiesbadener Verleger fanden sich ein. Die Leipziger Verlegergruppe hielt eng zusammen. Monatelang aß man gemeinsam im „Ratskeller", man tauschte seine Erfahrungen aus und ging geschlossen bei den Dienststellen der Besatzungsmacht und bei den deutschen Behörden vor. Ein Hauch von Romantik umwitterte trotz aller Unruhe und Sorgen diese erste Zeit in dem alten Hotel aus dem 18. Jahrhundert. Fast täglich kamen Besucher aus allen Himmelsrichtungen, Flüchtlinge aus Leipzig fanden sich ein, erschöpfte Menschen nächtigten auf den Hotel-Sofas, die man vorsorglich in den Büros stehen gelassen hatte.

Der Limes Verlag

Max Niedermeyer

Ich übte bereits vor 1945 eine verlegerische Tätigkeit aus (allerdings auf einem anderen Sektor), und nach dem Kriege bot sich Gelegenheit, einer alten persönlichen Neigung zur sogenannten schönen Literatur auch berufsmäßig nachzugehen. Es stellte sich schnell heraus, wie abenteuerlich dieses Vorhaben war, und welche Schwierigkeiten es schon anfangs zu überwinden galt.

Zunächst benötigte man eine Lizenz der Militärregierung. Sie zu bekommen war sehr mühsam. Die Ausfüllung umfangreicher Fragebogen und eine mündliche Investigation leiteten eine monatelange Wartezeit ein, in der die Eignung des Bewerbers nach der moralischen, geschäftlichen und vor allem politischen Seite hin geprüft wurde. (...)

Ende Oktober 1945 endlich kam das wertvolle Dokument, das die Arbeit erlaubte, freilich aber den fatalen Passus enthielt, daß es jederzeit wieder entzogen werden könne. (...)

Unser Büro konnten wir im Pariser Hof in der Spiegelgasse unterbringen, wo sich bereits einige berühmte Leipziger Verlage niedergelassen hatten.

Die meisten Beamten der Militärregierung selbst waren immer hilfsbereit, aber in zwei entscheidenden Dingen konnten sie nicht helfen: Es fehlte an Papier, es fehlte an Autoren. Mußten doch auch sie einer Prüfung ihrer Vergangenheit unterzogen werden, eine Bestimmung, die den Kreis der druckfähigen deutschen Autoren erheblich verkleinerte. So standen in erster Linie Übersetzungen und die Werke der Weltliteratur für ein Programm zur Verfügung. Aber hier mußte die Auswahl im allgemeinen so getroffen werden, daß sie einer Papierzuteilung für wert befunden wurde. Und Reéducation war Trumpf!

Diesen Schwierigkeiten und Sorgen stand eine große Annehmlichkeit gegenüber: Es gab keine Absatzsorgen. Jedes Buch wurde im Handumdrehen verkauft, und man hatte nur Mühe, den vielen Bestellern glaubhaft zu machen, daß man schon wieder ausverkauft sei. (...)

In der Zeit unmittelbar nach der Währungsreform, die dem sorglosen Produzieren ein bitteres Ende bereitete, in deren Folge aber andererseits die Papierbewirtschaftung aufgehoben und die strengen Vorschriften der Militärregierung in bezug auf Autoren und Texte gemildert wurden, fielen zwei Ereignisse, die besondere Erwähnung verdienen, weil sie auf die Gestaltung des Verlages nachhaltigen Einfluß hatten: Wir kamen mit Gottfried Benn in Verbindung, der seit 1936

nichts mehr veröffentlicht hatte. Während der Blockade Berlins telefonierten wir in den Abendstunden – der Dichter, bei Kerzenbeleuchtung in der stromlosen Stadt, etwas skeptisch gegenüber einem Erscheinen seiner Bücher, und, wie er in einem Brief an Hans Paeschke, den verdienstvollen Herausgeber des Merkurs, schrieb, „nicht so scharf darauf, wieder in diese Öffentlichkeit einzudringen". Schließlich aber brachten die Flugzeuge der Luftbrücke „Die drei alten Männer" und den „Ptolemäer" nach Wiesbaden. Bereits Ende 1948 waren die „Drei alten Männer" gedruckt, und seither betreuen wir das Werk eines der bedeutendsten und interessantesten Dichter der Gegenwart.
In diesen Jahren hat sich zwischen Autor und Verleger über das Berufsinteresse hinaus eine starke Verbundenheit entwickelt, die für mich zur schönsten Erfahrung dieser Zeit wurde.
Den Dichter selbst rückten seine neuen Arbeiten mit einem Schlage in den Mittelpunkt des literarischen Interesses der Welt und einer nicht mehr abreißenden Diskussion.
Moderne Literatur, besonders Lyrik wurde zu einem Hauptarbeitsgebiet des Verlages.

Berühmte Namen

Bewerbungsschreiben um eine Anstellung am Wiesbadener Theater

Carl Maria von Weber

19. 7. 1811

Hochwohlgebohrener Herr!
Hochzuverehrendster Herr Kammerherr!

Durch Herrn Ahl in Mannheim erfahre ich, daß Ew. Hochwohlgeboren ihn beauftragt haben, an mich zu schreiben und uns eine Anstellung in den Diensten des Durchlauchtigsten Hofes von Nassau anzubieten.

Ich unterstehe mich daher, Ew. Hochwohlgebohren mit diesen Zeilen zu belästigen, Indem ich Hochdieselben um Auskunft über die näheren Details und Dienstverhältnisse dieses mir so schmeichelhaften Antrags bitte.

Vor allem interessiert mich zu wissen, ob – Ein neues stehendes Theater errichtet wird, bey welchem ich mitwirken soll; – Unter welcher Gestalt und mit wieviel Macht zu wirken, ich dabey in die Dienste Sr. Durchlaucht zu treten das Glück hätte, und ob ich jährlich ein paar Monate Kursurlaub zu weiterer Vervollkommnung und Ausbildung würde erhalten können. Da ich schon in Breslau zu der Zufriedenheit des Publikums (von Wien aus eigends dazu hinberufen) die Oper neu organisierte, so darf ich mir vielleicht schmeicheln sowohl durch meine Erfahrung als besonders durch meinen Eifer, den schönsten Lohn des Künstlers, – die Zufriedenheit seines Fürsten zu erringen.

Indem ich nur noch 14 Tage hier zu bleiben, und dann die Schweiz zu bereisen gedenke, wage ich es, Ew. Hochwohlgebohren um baldige Antwort zu bitten und verharre mit der ausgezeichnetsten Hochachtung.

Ew. Hochwohlgebohren
ganz ergebenster Diener
Carl Maria von Weber

Für diesen Preis schlug ich es aus

Carl Maria von Weber

Den 3. August erhielt ich eine sehr artige Antwort vom Intendanten, daß man sich glücklich schätze, wenn ich kommen wolle, aber man könne nur 1000 Gulden geben und für diesen Preis schlug ich es aus. Für 1600 Gulden hatte ich Pflichten über mir gehabt, die mich genöthigt hatten, es anzunehmen, aber 1000 Gulden verdiene ich auch so und erndte dabei Ruf und Ehre.

Ein Messias aus Kostheim

Ferdinand Dieffenbach

Als ein neuer Messias trat der in Kostheim geborene Maximilian Bernhard Ludwig Müller auf, welchem laut dem Großherzoglichen Regierungsblatt vom 28. Oktober 1826 der Name Proli beigelegt wurde. Seine messianische Sendung war schon vor seiner Geburt geweissagt worden. Helena Balser, eine Nähmamsell, erfreute sich der Gunst des Mainzer Koadjutors Karl Theodor von Dalberg. Um die Folgen dieser Gunst zu verbergen, wurde sie, von dem Koadjutor reich ausgestattet, an einen Kunstgärtner in Kostheim, Johann Adam Müller, verheiratet. „Als der neue Eheherr den Betrug entdeckte", erzählt ein Biograph, „erschien ihm ein Engel, aber nicht im Traum und in strahlendem Lichtgewand, sondern in schwarzem Priesterrock, und verkündigte ihm eine große Gnade, die ihm widerfahren solle, weil ihm der Messias geboren würde, welcher eine Frucht des heiligen Geistes sei." Die in Aussicht gestellte Geburt erfolgte (1783) auch und die Weissagung fand insofern sofort ihre Bestätigung, als es kein Mädchen, sondern wirklich ein zur Erfüllung der Messiassendung, soweit man nach dem Anschein urteilen konnte, verwendbarer Knabe war, welchen Helena Müller, geborene Balser, zur Welt brachte. Der befähigte Knabe wurde, als er herangewachsen war, ins bischöfliche Seminar nach Mainz gebracht, wo er unterrichtet wurde. Hier entwickelten sich bei ihm die ersten Keime religiöser Schwärmerei, welche sich bei ihm so nachhaltig erwies, daß er seinem Lehrherrn, einem Schneidermeister, entlief und selbst bei einer Kunstreiterbande kein Gut tat. Er beschloß, sich dem geistlichen Stande zu widmen, trat in ein Kloster in Aschaffenburg ein und wallfahrtete alsbald nach Rom. Allein er scheint von dort zurückgekommen zu sein wie der Jude Abraham des Bocaccio, der sich nach einer Wanderung nach Rom bekanntlich darum zum Christentume bekehrte, weil er dort gesehen habe, wie die Kirche Christi eine starke Kirche sei, weil sie schon so viele hundert Jahre dem Papst und seinen Kardinälen widerstanden habe, die doch täglich bemüht seien, sie zugrunde zu richten. Nach seiner Rückkehr von Rom sehen wir ihn sich der Sektiererei zuwenden. Zunächst knüpft er mit englischen Pietistengesellschaften Beziehungen an und bald übernimmt er die Rolle eines Propheten. . . .

Immer mächtiger trieb ihn sein Schicksal auf der einmal betretenen Prophetenlaufbahn vorwärts. In England, wohin er sich 1813 begeben hatte, lernte er einen angeblichen Jesuiten Martin kennen, der sich später eines Banknotendiebstahls schuldig machte, aber damals unserem Müller als ein unzweifelhaftes Werkzeug der göttlichen Gnade erschien. Dieser Martin machte ihn zu Cork in Irland mit einer reichen, frommen Miss bekannt, welcher der bildschöne fünfundzwanzigjährige junge Mann wohl zusagen mochte, und welche ihn mit ihren Geldmitteln in der Folge reichlich unterstützte. Martin stellte ihr Müller als einen deutschen Prinzen vor, welcher Thron und Vaterland aufgegeben habe und im Gewande der Niedrigkeit durch die Welt pilgere, bis durch ihn, den gottgesandten Propheten, die Wiederaufrichtung des tausendjährigen Reiches geschehen werde. . . .

Es sollte Müller seinen für sein heiliges Amt allzu profan klingenden Namen ablegen und statt dessen Proli heißen (wahrscheinlich aus dem syro-chaldäischen „Baroli" d. h. „Sohn-Gottes" abgeleitet), und merkwürdig ist es, daß diese offenbar in den Irrgängen der Kabbala mit ihrer mystischen Seelenwanderungslehre wandelnde Gesellschaft wirklich glaubte, Proli sei durch Geburt und Abstammung zum Gründer des tausendjährigen Reichs und zum Propheten darin bestimmt, seine Seele sei auch nicht mit der irdischen Hülle erzeugt und geboren (zu Kostheim), sondern sie sei vielmehr im Anbeginn der Schöpfung vorhanden gewesen, von Adam durch Fortwanderung auf Abraham, von diesem auf Moses, von diesem auf David, von da auf Christum und zuletzt auf Proli gekommen. Deswegen wurden dem Herzogstitel unseres Proli die Worte beigefügt: „vom Stamme Juda und aus der Wurzel des David". . . .

Von Cork siedelte Proli mit seinen Jüngern und Priesterinnen und im

Besitz einer Summe von 100000 Pfund Sterling nach London über. Diese Summe stahl ihm dort sein seitheriger Helfershelfer, der Jesuit Martin, welcher mit derselben nach Amerika entwich. Im höchsten Grade auffallend und kompromittierend für Proli, der hierdurch trotz allem Anschein gutmütiger Schwärmerei doch nur als gemeiner Betrüger erscheint, ist die Tatsache, daß Proli diesen Diebstahl seinen Gläubigen nicht allein verschwieg, sondern von denselben weitere 3000 Pfund entlieh und sich damit gleichfalls und zwar nach Hamburg aus dem Staube machte.
Wir sehen ihn nun da und dort in Deutschland sein Wesen treiben. ... Durch Großherzog Ludwig I., dem selbstverständlich das geheime Treiben Prolis unbekannt war, erhielt er offiziell statt des vulgären Müller den Namen Proli verliehen und in Offenbach, seinem neuen Wohnsitze, erlangte er das Bürgerrecht. ...
In der Tat trugen die Prophezeiungen Prolis immer mehr dazu bei, sein Ansehen bei seinen Gläubigen zu heben. Er prophezeite die Julirevolution und die Entthronung Karls X., den Aufstand in Polen, die demokratischen Bewegungen der dreißiger Jahre, die Cholera, Überschwemmungen, Teuerung und furchtbare Naturereignisse, welche wirklich mit einer wahrhaft erstaunlichen Pünktlichkeit eintrafen. ...
Aber sein Treiben brachte ihn schließlich mit der Polizei in Konflikt, und sah auch die Hessische Regierung unter dem toleranten Großherzog Ludwig I. dem Unsinn ruhig zu, so mehrten sich doch nach und nach die Reklamationen von außen, und als mit Ludwig II. das Ministerium du Thil ans Ruder kam, wurden die Saiten straffer angespannt. Es war im Jahr 1831, als von Darmstadt der Befehl eintraf, Proli samt seinem Anhang zu verhaften. ...
Durch eine hohe einflußreiche Vermittlung, welche sich noch einmal mit Erfolg geltend machte, wurden der Prophet und sein Geheimsekretär bald darauf wieder freigelassen. Proli verkaufte mit einem Verlust von 136000 Gulden sein Landgut und siedelte nach Amerika über. Noch am Tage vor seiner Abreise sandte er 2000 Taler der Stadtkasse zur Unterstützung der Armen.
Mit sechsundvierzig seiner Anhänger fuhr er am 17. Juli 1831 auf dem Schiffe „Isabella" nach Amerika ab. ... Proli gründete eine eigene Kolonie zu Philippsburg, welche bis 1833 bestand, wo mit einem Male das Geld alle geworden war und Proli seinen Gläubigen verkündete, daß jeder nun, so gut er könne, sich selbst helfen müsse. In demselben Jahre soll Proli an der Cholera gestorben, nach anderen im Missouri ertrunken sein.

Es gibt hier bedeutende Männer

Johann Wolfgang von Goethe

[Wiesbaden, den 19. August 1814.]

Zuförderst also wirst du abermals gerühmt, mein liebes Kind, daß du mich in diese Gegend zu gehen bewogen. Erde, Himmel und Menschen sind anders, alles hat einen heitern Karacter und wird mir täglich wohlthätiger. Die Verhältnisse eines Badegastes sind mir nun auch schon deutlicher, ich habe ein sauberes, kühles Quartier bezogen, speise auf dem Zimmer und lebe ganz nach meiner Weise.

Unter den hiesigen Angestellten und Geschäftsleuten giebt es bedeutende Männer, ich habe schon mehrere kennen gelernt. Oberbergrath Cramer besitzt ein trefflich Mineralien Kabinet, das mich schon viele Abende beschäftigt.

Das Schwalbacher Wasser, zusammen mit dem hiesigen Bade bekommt mir sehr wohl und so geht ein Tag nach dem andern hin, vergnüglich, heilsam und nützlich.

Riese hat mich besucht, er ist gar treu, gut und verständig. Gerning ist auch hier, spielt aber eine wunderliche Rolle, die mir noch nicht ganz klar ist. Er mischt sich in vieles, macht den Unterhändler, Mäkler, Versprecher. Als Dichter, Antiquar, Journalist sucht er auch Einfluß und scheint nirgends Vertrauen zu erregen.

Überhaupt scheinen sich die Menschen nicht an einander zu schließen. In einem Orte wo man täglich unter ein Duzzend Lustpartien wählen kann, müssen sich Gesellschaften und Familien sehr zerstreuen. Auch das Geschäftsleben hat einen weiteren und lustigern Wirkungskreis. Ich will mir das alles recht ansehen. Der dirigirende Minister und alle oberen Staatsbeamten sind junge Männer, die auch für den Genuß arbeiten und für ihre Thätigkeit einen schönen Spielraum haben. Der Herzog ist in den siebzigen, nimmt sich vorzüglich des Militärs an, das aus schönen jungen Leuten besteht. Der hier garnisonirende Theil ist fast gekleidet wie unsre.

Wiesbaden liegt in einem weiten Thal, das vorwärts, nach Süden, von Hügeln, nordwärts von Bergen begränzt wird. Besteigt man die letzteren: so hat man eine unendliche und höchst schöne Aussicht.

Ziemlich anstrengend

Clemens Brentano

Liebe Sophie!
Heute bin ich acht Tage hier und habe noch keine Zeile von Dir, nur viele und herzliche Briefe könnten den Nebel, der über dieser Stadt und meinem Herzen liegt, zerteilen. Ich habe nun sieben Bäder genommen und weiß noch nicht, ob sich's bessert, die Wirkung, die ich allein fühle, ist eine unsägliche Müdigkeit durch alle Glieder und vor allem den Fuß, der mir sehr häufig einschläft, so daß ich mit Mühe die kleinsten Spaziergänge mache, ich gehe meistens um halb neune zu Bett und schreibe Dir in diesem Augenblicke im Bett, denn heute gegen Abend befand ich mich besonders übel, so daß dieser Brief wohl nicht so groß werden wird, als ich es wünsche und Dir es gönne, die Augen sinken mir bereits. Guten Morgen! Ich habe eine schlechte Nacht gehabt, Fieber und Schmerz und keinen Schlaf. Vielleicht wird's auf das Bad besser. Ich will heute wieder mit dem Arzt sprechen, man ist sehr verlassen an einem solchen Ort, alle Einrichtungen scheinen bloß gemacht, einen ums Geld zu bringen. Liebe Frau, wenn Du recht gut wärest, so bedächtest Du meine traurige kranke Einsamkeit und schriebst mir täglich, um mich ein wenig aufzurichten. Es ist um 8 des Morgens, ich gehe baden und sehe einem traurigen Tag entgegen. Dein kranker Clemens.

In diesem Augenblick erhalte ich Deinen freundlichen Brief, der mich an mich erinnert, und ich fange also an, von mir zu sprechen: Ob mir das Bad nutzt, kann ich nicht sagen, denn wenn ich gleich weniger heftig als einige Zeit vorher an meinem Fuß leide, so kann ich dies ebensogut der in diesen Tagen ziemlich steten warmen Witterung zuschreiben, außerdem leide ich an einem heftigen Husten und Katarrh. Auch greift das Bad mich überhaupt ziemlich an. Lange werde ich keineswegs hierbleiben, da es schrecklich teuer ist, an den Rhein werde ich für mein Teil auch nicht reisen, da ich sehr befürchte, mich durch die dortige Zugluft und Stromkälte und die leichtsinnige Art zu reisen, klettern und steigen das bißchen, was mir vielleicht das Bad genutzt, noch viel ärger zu machen. Gegen Abend befinde ich mich ganz unpaß. Du kannst Dir einen Begriff von der Prellerei hier machen, wenn ich Dir sage, daß ich für die Portion schlechten Kaffee 26 × r [Kreuzer] und für Schoppen Wein mittags (hier im Weinlande) 30 × zahlen muß.

Über die Badereise des Bruders Wilhelm

Jacob Grimm

Die letzten Briefe aus Wiesbaden lauten besser als die früheren. In den ersten vierzehn Tagen wollte Wilhelm noch gar keine Wirkung von dem Bad spüren, jetzt aber hat sie sich eingestellt, und er fängt an, Vertrauen zu fassen. Das Wetter könnte wärmer sein, sonst aber sind ihm alle Umstände günstig. Senator Thomas aus Frankfurt badet auch dort und gewährt ihm eine Menge Bequemlichkeiten. Es werden Ausflüge nach Biebrich, Hochheim und Mainz gemacht, und Wilhelm, der diese schöne Natur noch nie genossen hatte, ist entzückt davon.

Wilhelm Diltheys Kindheit in Biebrich

Clara Misch

Wilhelm Dilthey wurde geboren zu Mosbach (so heißt der nördliche Teil von Biebrich) in dem alten Pfarrhause, das sich von den umgebenden Bauernhäusern kaum durch etwas anderes unterschied, als durch den Wappenschmuck des Klosters Eberbach, dem einst die Pfarrei zugehört hatte, wie denn auch die vielen geräumigen Scheuern – es sollen deren dreizehn gewesen sein – dazu gedient haben mögen, den reichen Zehnten des Klosters aufzunehmen, Scheuern, die später in größtenteils unheimlicher Leere den Pfarrkindern und ihren Genossen zum Tummelplatz fröhlicher Spiele dienten; dicht neben dem Totenacker und über dem unterirdischen Gang, der von dem Pfarrhaus zur alten Burgruine im Park und von da zum Kloster führen soll. Ob er es tut, haben auch die Pfarrbuben nicht ergründen können, da ihrem Wissensdrang und Forschungstrieb von altem Gestein und Geröll gar bald ein Ende gesetzt wurde, als sie in den Gang einzudringen versuchten.

Wilhelm Dilthey besuchte zuerst die Volksschule seiner Vaterstadt, dann die Privatschule des Kandidaten Bernhard, des späteren Leiters des Weilburger Gymnasiums, der schon damals die vielerörterte Frage der Koedukation praktisch erprobte, indem er Knaben und Mädchen gemeinsam unterrichtete. Später wanderte der junge Dilthey zum Wiesbadener Gymnasium – er besuchte es von der „vierten Klasse“ (Obertertia) an, 1847–52 – auf demselben Wege, wie vor ihm jener andere Biebricher, dem sich dieser Schulweg zu der reizenden Novelle Abendfrieden verklärt hat (W. H. Riehl).

Der Wilderer Leichweis

Alois Henninger

„Wer war der Jäger, der so bang
Im Walde dort ins Dickicht sprang?“
  „Das war der Wildrer Leichweis, Kind,
  Dem gram gar sehr die Jagdherrn sind!“
„Und warum sind sie ihm denn feind,
Da er doch nicht so böse scheint?“
  „Weil manches Reh und manchen Hirsch
  Er ihnen wegschießt auf der Birsch!“
„Ich dächte, was lieb Gottchen macht,
Sei doch uns Allen zugedacht?“
  „Wohl recht! Er gibt uns Allen gern;
  Doch ist die Jagd den großen Herrn!“
„So ist's denn doch mit ihnen nicht
Gut Kirschen essen, wie man spricht?“
  „Sie setzten, um zu fahn den Tropf,
  Längst einen Preis auf seinen Kopf!“
„Ei, Väterchen! warum denn gingst
Du eben nicht, daß du ihn fingst?“
  „Das ist, mein Sohn, kein Kinderspiel;
  Auch nützt er unsren Saaten viel!“
„Gelt, unsren Waiz zertritt das Wild,
Der so viel schöne Gulden gilt?“
  „Ach, ja! da tummelts oft sich satt; –
  Doch schweig, wir sind jetzt an der Stadt!“
So sprach der Bauer und sein Sohn
Und wünschten ihm nicht bösen Lohn;

Doch seines Schicksals weitren Lauf
Bewahrte nicht die Kunde auf.
Die Höhle nur, die einst ihn barg
Vor der Verfolgung, wie ein Sarg,
Nennt nebst den Felsen, rings zerstreut,
Uns seinen Namen noch bis heut.

Früher verfolgt, heute begrüßt

Carl Schurz

Ich war kaum vierundzwanzig Stunden in Wiesbaden, als der Polizeipräsident mir seine Aufwartung machte, sich als alter Bekannter von der Universität vorstellte und mich in der liebenswürdigsten Weise willkommen hieß, wobei er versicherte, daß es ihm aufrichtige Freude machen würde, wenn er mir während meines Aufenthaltes irgendwie dienen könnte. Er sprach dann noch die Hoffnung aus, daß ich vor meiner Rückkehr nach den Vereinigten Staaten Berlin besuchen werde; dort, meinte er, gebe es manches zu sehen, was mir als altem Achtundvierziger erfreulich sein würde.
Nachdem ich in Wiesbaden mit den Meinigen Weihnachten gefeiert hatte, ging ich nach Berlin. ...

Ankunft im Hotel

Iwan S. Turgenjew

(...) Das Gasthaus in Wiesbaden, vor dem der Wagen hielt – glich vollkommen einem Palast. Im Innern erschallten sogleich verschiedene Glocken, und es erhob sich ein Laufen und Rennen. Wohlgestalte Menschen in schwarzen Fracks bewegten sich am Haupteingang; ein von Gold funkelnder Schweizer öffnete mit Schwung die Wagentür. Wie ein Triumphator stieg Polosow aus und begann die mit Duft erfüllte und mit Teppichen bedeckte Treppe hinanzusteigen. Ein Mann kam ihm entgegen, ebenfalls ausgezeichnet gekleidet, aber mit russischem Gesicht – sein Kammerdiener. Polosow sagte zu ihm, er werde ihn in Zukunft immer mitnehmen, denn am Abend vorher, in Frankfurt, habe man ihn – ohne warmes Wasser gelassen! Das Gesicht des Kammerdieners drückte Entsetzen aus – er bückte sich schnell und zog seinem Herrn die Galoschen aus.

„Ist Marja Nikolajewna zu Hause?" fragte Polosow.

„Ja; sie geruhen sich anzukleiden; sie speisen bei der Gräfin Lasunskaja."

„Ach, bei der ... warte! Da sind Sachen im Wagen. Nimm sie alle selbst heraus und trag sie hinein. Und du, Dmitrij Pawlowitsch", fügte Polosow hinzu, „nimm dir ein Zimmer und komm in drei Viertelstunden zu mir; wir wollen zusammen speisen."

Polosow schwamm weiter, und Sanin ließ sich ein einfaches Zimmer geben. Nachdem er etwas ausgeruht und seine Toilette in Ordnung gebracht hatte, begab er sich in das großartige Appartement, welche „Seine Durchlaucht der Fürst von Polosoff" innehatte.

Er fand den „Fürsten" inmitten seines reichen Salons in einen prachtvollen samtnen Sessel hingegossen. Der phlegmatische Freund Sanins hatte schon Zeit gehabt, ein Bad zu nehmen und sich in einen schönen Atlasschlafrock zu hüllen. Auf dem Kopf trug er einen himbeerfarbenen Fez. Sanin näherte sich ihm und betrachtete ihn eine kleine Weile. Polosow saß unbeweglich wie ein Götzenbild da; er wandte ihm nicht das Gesicht zu, bewegte nicht die Augenbrauen und gab keinen Laut von sich. Er bot wirklich einen majestätischen Anblick! Nachdem er ihn ein paar Augenblicke bewundert, war Sanin im Begriff, ihn anzureden und die so heilige Stille zu unterbrechen – als plötzlich die Tür des Nebenzimmers sich öffnete und eine junge schöne Dame in einem weißseidenen, mit schwarzen Spitzen besetzten Kleid und Brillanten an den Armen und am Hals – auf der Schwelle erschien. Es war Marja Nikolajewna selbst. Ihre dichten rötlich-blonden Haare fielen geflochten, aber nicht aufgesteckt, zu beiden Seiten ihres Kopfes herab. (...)

Auch im Winter schön

Gustav Freytag

Wiesbaden, Hotel zur Rose, 6. Dezember 1876

... Ich wohne hier in ziemlich gutem Hotel und werde wohl darin aushalten. Zu Wagen habe ich die Umgegend von Wiesbaden abgesucht; als ich nach Süden zu eine mäßige Erdwelle hinaufgefahren war, sah ich vor mir den Rheingau und den hellen Schimmer des Wassers, und mein Begleiter wies mir die Stationen an der Eisenbahn bis nach Östrich hin. Ein rüstiger Wanderer käme in wenigen Stunden hin. Ihr Haus vermochte das Glas nicht deutlich zu machen; aber ich kann versichern, daß die Gegend auch im Winter schön ist, die Felder von so glänzendem Grün, wie bei uns im Mai. Dies freilich ist ein närrisches Jahr.

Mein Befinden ist gut, ich übe mich redlich im Spazierengehen und Zeitungslesen, einer unangenehmen Staatsbürgerpflicht. Immer denke ich in treuer Liebe Ihrer und unseres Feldherrn, Ministers, Admirals und, was mir noch lieber ist, des guten Freundes.

Wilhelm Liebknecht in Wiesbaden (1893)

Polizeikommissar Bochwitz

Die Versammlung wurde um 11 Uhr durch den Einberufer Schuhmacher Faust von hier eröffnet. Der Saal war bereits um 10½ Uhr vollständig angefüllt und waren ca. 600 Personen anwesend. ... Als der Reichstagsabgeordnete Liebknecht gegen 11 Uhr erschien, wurde er von der Versammlung durch Hochrufe lebhaft begrüßt. ... (Liebknecht): ... Wir sind im ganzen deutschen Reiche heute die einzige Partei, die geschlossen und siegesgewiß am 13. Juni auftreten werde. ... Das Volk ist des Schicksals Schmied. Wir haben den Hammer; was zertrümmert wird, ist faul; was wir zurecht hämmern, ist der neue Zukunftsstaat ..., der Kapitalismus stützt sich auf den Militarismus. Diesen wollen wir niederwerfen und an seiner Stelle den Staat der Freiheit, Gleichheit, Brüderlichkeit schaffen ...

... Die Sozialdemokraten wollten daher das Milizsystem eingeführt wissen, sie wollen keine Armee, welche gegen den Willen des Volkes ins Feld rücken müsse, weil einzelne Personen dies wünschen. ... Beim Milizsystem gäbe es auch keine zwei Stände, das Zivil und Militär. Wie in der Schweiz, so kann man auch bei uns mit einigen Besserungen das Milizsystem einführen. ...
Ein Krieg würde weder Deutschland noch den Franzosen den Sieg bringen. Nachdem das beste Blut geflossen sei, lägen beide blutend nebeneinander, bis sie sich selbst die Hand reichen. Es müsse ein Kongreß zur Abrüstung zusammentreten. Er, Liebknecht, habe früher einmal gesagt, daß die Sozialdemokraten nicht zur Friedenspartei gerechnet würden. Die einzige Partei sei jedoch die sozialdemokratische, welche auf dem Boden eines Lessing und Nathan des Weisen stehe. Die Sozialisten machten keinen Unterschied in den Religionen. Wie die Antisemiten vorgingen, sei eine Schmach. Wenn Leute verfolgt würden, mache man sie niederträchtig oder zu Rebellen. ... Die Sozialdemokraten sagten, der Kapitalismus sei daran schuld, daß das kleine Handwerk und der kleine Bauer zugrunde gerichtet würden. Deshalb müßte das Volk dahin wirken, daß mit dem Kapitalismus gebrochen werde.

Bodenstedt alias Mirza Schaffy

Als Wahl-Wiesbadener verbrachte Friedrich von Bodenstedt eineinhalb Jahrzehnt lang seinen Lebensabend in der damaligen Weltkurstadt, hochverehrt als Dichter und von Tausenden von Verehrern aufgesucht. Als dem Dichter des Frühlings und dem Übersetzer der Lieder des Mirza Schaffy 1894 ein Kolossaldenkmal eingeweiht wurde, war ganz Wiesbaden auf den Beinen – weniger als ein halbes Jahrhundert darauf wurden aus der Bronze der Riesenbüste eines fast vergessenen Dichters Kanonen und Panzer gegossen.
Bodenstedts weinselige, liebesheiße Schöpfungen, „Die Lieder des Mirza Schaffy", wurden mit ihrem exotischen Beigeschmack lange Zeit für echte Übertragungen aus dem Kaukasischen gehalten und hatten eben deshalb so überwältigenden Erfolg.
Als der „deutsche Anakreon" damals erkannte, welche Berühmtheit

Mirza – unverdient und an allem unschuldig – durch ihn gewann, überkam ihn der Schöpferstolz und er dachte, dem Leser den Irrtum aufzuklären. Doch der Verleger drang in ihn: „Wenn Sie das tun, machen Sie ihre Dichtungen zur Alltagsware – mit dem Ergebnis, daß Sie aus Ihrer Siebenzimmerwohnung in die Mansarde eines Gartenhauses ziehen müssen."
Der Dichter verstand den realistischen Wink und gönnte dem Freund, der ihn zum Mittler zwischen Ost und West gemacht hatte, den Erfolg.

Über Georg von Hülsen

Joseph von Lauff

Die glanzvollen, bedeutsamen Wiesbadener Maientage, die so viel Kultur und Leuchten ins Land warfen, sind mir unvergeßliche Tage geblieben. Hier führte Georg von Hülsen den Intendantenstab. Er tat es mit Umsicht, mit Fingerspitzengefühl, mit der feinen Beschränkung eines geistreichen Meisters. Seine Inszenierungen atmeten Seele und Schönheit, ließen sich vom Klassischen umschauern, ohne dabei einer gesunden Realistik ängstlich aus dem Wege zu gehen. Bis spät in die Nacht hinein saß er am Regiepult, unermüdlich dabei, dem aufzuführenden Werk Glanz zu verleihen, es auszuschürfen bis auf die letzte Silber- und Goldader. Er war streng gegen sich selber, aber auch streng gegen alle, die den bunten Thespiswagen umscharten ... und dennoch liebten und verehrten ihn alle, fühlte doch jeder: unter seiner Führung ist wohlsein, wirst du nicht in die Irre gezügelt, ist deine Kunst und dein späteres Dasein gesichert. Ein feiner Plauderer und Erzähler, der es verstand, auch dem eingefleischtesten Griesgram eine heitere Note abzugewinnen, wußte er die Herzen zu nehmen, sie dorthin zu leiten, wo er sie nach bestem Ermessen hin haben wollte. Er wirkte vielfach im Stillen. Die Rechte wußte nicht, was die Linke gab, und manche dankbare Träne ist um seinetwillen über verhärmte Wangen gesickert. Wo Licht, ist auch Schatten, aber die Schatten vermochten es nicht, das befreiende Scheinen zu schmälern, das ihn bis zum Schluß seiner Laufbahn umbüschelte. Ja, Georg von Hülsen! Man mußte ihn sehen, wenn er im Beisein des Hofes mit souveräner Macht Publikum und Bühne verschweißte. Unter seiner Ägide umgoldeten die Wiesbadener Maifestspiele die Taunushöhen, nahmen Sturmschritt über Land, ließen die Welt aufhorchen.

Pausengespräch

Kaiser Wilhelm II.

Nicht nur ein bedeutender Faktor der Belehrung, der Propaganda für die Sittlichkeit soll das Theater sein, sondern auch die Verkörperung der Eleganz, der Schönheit, des künstlerischen Traumes. Nicht entmutigt mit der Erinnerung an trübe Bilder, an bittere Enttäuschungen, sondern geläutert, gehoben, von neuem für den Kampf für das Ideal, dem jeder entgegenstrebt, gestärkt soll man das Theater verlassen. – – –

Das Leben macht es sich zur Aufgabe, uns jeden Tag die traurigste Wirklichkeit vor Augen zu führen. Die modernen Autoren, welche sich immer mehr darin gefallen, diese uns auf der Bühne vor Augen zu führen, stellen sich eine ungesunde Aufgabe, vollführen ein uns niederdrückendes Werk. (...)

Das Publikum, glauben Sie es Mir, Madame, ist im Grunde Meiner Ansicht. Dieser „Oberon", dessen feenhafte Dekorationen, dessen Inszenierung wir heute abend bewundern, ist innerhalb zweier Jahre nahezu siebzig Male in Wiesbaden mit immer gleichem Erfolg gegeben worden. Hülsen hat sich darin selbst übertroffen. Ich habe in ihm einen prächtigen Menschen, welcher meine Ideen versteht und dieselben in Wirklichkeit umzusetzen weiß, gefunden. Er ist ein unermüdlich schaffender, großer, sehr großer Künstler.

Geheimrat Duden

Konrad Duden, der verdienstvolle Förderer einheitlich deutscher Schreibweise, war mit Hessen durch seine langjährige Tätigkeit als Gymnasialdirektor in Bad Hersfeld wie durch seinen Aufenthalt in Sonnenberg bei Wiesbaden, wo er seinen Lebensabend verbrachte, verbunden. Jedermann kannte dort den würdigen „alten Herrn Geheimrat", eine imposante Erscheinung mit schlohweißem Bart, den universalen Gelehrten, der dem kleinstaatlichen Wirrwarr in der Rechtschreibung ein Ende setzte und dem berühmten Duden seinen Namen gab. Sogar gegen Bismarck, der der Orthographie-Reglementierung den Zugang in den Kanzleien verwehren wollte, hat er sich durchgesetzt. „In Zweifelsfällen sind die Schreibweisen und Regeln des Duden verbindlich", heißt es in dem Bundesanzeiger vom 15. 12. 1955, wodurch der Neue Duden das maßgebliche deutsche Wörterbuch wurde.

Eines Tages, so wird berichtet, ging der Geheimrat etwas gedankenversunken durch die Straßen, als er plötzlich von einem Herrn angestoßen wurde.

Der junge Mann grüßte höflich und sagte: „Pardon!"

Duden aber brummte ihn böse an: „Daß Sie mich angerempelt haben, mag ja noch hingehen. Aber warum sagen Sie dann noch obendrein ‚Pardon', wo doch das gute deutsche Wort ‚Verzeihung' viel schöner klingt?"

Sprach's und ließ den verdutzten Jüngling stehen.

An Taunus und Rhein – Ausflüge in die Umgebung

Wanderung um Wiesbaden

Johann Ignaz Weitzel

Wir ruhten einen Tag in Wiesbaden aus und setzten dann unsere Wanderungen durch die Umgegend fort. Den Morgen brachten wir auf der Platte zu, wo der Herzog ein schönes Jagdschloß hat. Welch eine reizende Aussicht voll Lieblichkeit und Anmut in die von fröhlichem Leben bewegte Nähe! Das entzückte Auge schweift gegen Westen und Süden bis an die Gebirge unter Bingen, jenseits Kreuznach und an den Donnersberg. Mehr links erhebt sich der weitgesehene Melibokus, von dem in den Strahlen der Sonne der weiße Turm in die weite Ferne glänzt. Vor dir in der Tiefe brausen die Wälder und wogen im Sturme wie ein erzürntes Meer. Gegen Osten und mehr nördlich übersieht man die waldigen, romantischen Täler und Höhen bei Eppstein, und die Ruine Falkenstein steigt fast am Fuße des Altkönigs hervor. Ja, es ist ein herrlicher Punkt, und in der Wohnung des Oberförsters findest du eine freundliche Aufnahme und was nach den Anstrengungen des Weges die Notdurft des Leibes fordert. Wir bedurften der Erfrischung und ließen sie uns ins Freie, von dem Jagdschlosse einige hundert Schritte östlich bringen, wo man auf bequemen Sitzen unter dem Schatten dichtbelaubter Bäume die schönste Aussicht hat. Gestärkt durch Speise und Trank setzten wir unsern Weg auf der Höhe fort, um eine Stelle, die eiserne Hand geheißen, aufzusuchen, von der ich die hohe Wurzel, auch Basilika genannt, zu finden wußte. Hier hat man eine größere Aussicht als selbst von der Platte. Am bequemsten und sichersten gelangt man dahin, wenn man die Straße von Wiesbaden nach Schwalbach verfolgt und auf der ersten Höhe hinter jenem Städtchen das Chausseehaus vorbeigeht, das aus dem Dunkel des Waldes weit gesehen schimmert. Doch nein! Ich rate nicht das Chausseehaus vorbeizugehen, sondern lieber bei dem Oberförster einzusprechen und dich in den niedlichen Stübchen, die gar wohlgefällig nach dem Rhein und dem freundlichen Wiesbaden herabsehen, mit einem guten Trunke und ländlicher Kost zu stärken. Hast du meinen

Rat, für den du mir Dank wissen wirst, befolgt, dann magst du vergnügt von dannen ziehen. Merke dir nur, wo die Straße anfängt wieder tiefer zu gehen, verlasse sie und ersteige rechts den Berg, dessen Gipfel den höchsten Punkt der Gegend bildet. Bist du so glücklich diesen zu finden, dann blicke umher. Das unermeßliche Land, das der Hunsrück, der Donnersberg, die Bergkette, die sich hinter Neustadt und Landau hinaufziehet und die so Heidelberg und Aschaffenburg begrenzt, liegt in seiner Pracht und Herrlichkeit vor dir. Den majestätischen Rhein und den Main verfolgst du auf eine große Strecke in ihrem Laufe. Gegen Nordosten schließen der Feldberg und der Altkönig die bezaubernde Aussicht. Kannst du dich davon trennen und deinen Blick gegen Westen und Norden richten, dann erreicht dein Auge das Ende des Landes nicht, das mit fruchtbaren Ebenen, mit Wäldern und Bergen abwechselt; der ferne Himmel schließt die Aussicht. Schade, daß sie in einigen Jahren verwachsen sein wird! So wie die jungen Bäume, die diese herrliche Stelle umgeben, größer werden, erheben sie sich zwischen dem Blicke des Beschauenden und seinem Gegenstande. Man sollte daselbst eine Erhöhung von Erde anlegen, die über den Wald hervorragt und die Aussicht erhält. Auf diese Weise würde auch den Fremden der Punkt bezeichnet, von dem man das weite, prächtige Land übersieht. ...

Von der hohen Wurzel stiegen wir nach Schwalbach herab, das wie das nahe Schlangenbad wegen der Heilkräfte seines Wassers in großem Rufe steht. ...

Schwalbach selbst bietet, sein köstliches Wasser und die Annehmlichkeiten des Kurortes, Spiel, Musik, Tanz und gesellige Unterhaltung ausgenommen, wenig dar. Die gebirgige Umgegend ist ziemlich nackt und nur die dichtbelaubten Gänge in der Nähe gewähren Schatten und laden zu traulichen Spaziergängen ein.

Von Schwalbach setzten wir unsere Exkursion das Tal aufwärts nach den alten Festen Adolfseck und Hohenstein fort. Jene ist unbedeutend, diese aber auch dem noch merkwürdig, der die verfallenen Burgen an dem Rhein und Neckar gesehen hat. Man erstaunt über die Kühnheit, mit welcher hier Steinmassen auf Felsenmassen getürmt sind. Mit Grausen fällt der erste Blick von der Höhe der zum Teil zertrümmerten Burg, die mit ewiger, altdeutscher Festigkeit, welche der Zeit trotzt, gebaut war, in das freundliche, grüne Tal. Bei Adolfseck, das historisch wichtig ist, besuchen die Gäste aus Schwalbach einen Wasserfall als Merkwürdigkeit der Gegend. Wer den Rheinfall bei Schaffhausen und den Sturz des Deutschbachs und Staubbachs gesehen hat, der lächelt bei dem Geplätscher dieser spielenden Kaskade. Aber alle Größe ist relativ, und es kommt bei dem Gefühl und Urteil auf den Maßstab an, den man in sich findet. ...

Schlangenbad und Georgenborn

Johann August Klein

Drei Stunden von Wiesbaden, zwei vom Rhein, liegt der Badeort Schlangenbad (Gasth. Hessischer Hof, Nassauer Hof), dessen Wasser (Temperatur 21 Grad Reaumur) klar und ohne Geruch, seifenartig, vorzüglich bei Hautkrankheiten, krampfartigen Erscheinungen, Nervenschwäche u. dgl., heilbringend ist. Die hiesige Heilquelle soll vor 200 Jahren von einem Hirten entdeckt worden sein, welcher ein sich täglich in der Heerde absonderndes Rind aufsuchte und an der warmen Quelle fand. Die schönen Gebäude wurden 1694 von dem Landgrafen Karl von Hessen-Kassel aufgeführt und mit Anlagen umgeben. Schlangenbad ist ein geräuschloser ruhiger Kurort, wo die Freuden nur in kleinen Kreisen oder in der Einsamkeit anzutreffen sind. Dem Spaziergänger treten in der romantischen Gegend überall steile bewaldete Berge entgegen. Der größere Theil der Kurgäste, deren Anzahl jährlich an 800 beträgt, sind Frauen, welche auch hier, wie in andern Bädern des Taunus, sich häufig mit Ausflügen auf Eseln ergötzen. Georgenborn, ein Dörfchen, kaum eine Stunde von Schlangenbad entfernt, gewährt eine reizende Aussicht, den Lauf des Mains von Frankfurt bis zu seiner Mündung, und den Rhein von Worms bis Bingen umfassend. Die Höhen des Rheingaus, Rauenthal, Kiderich, sind kaum 2, Eberbach kaum 3 Stunden von hier.

Der Rhein und seine glückseligen Ufer

Wilhelm Grimm

In der Gegend sind wir umhergezogen, und mir geht immer das Herz auf, wenn ich den Rhein und seine glückseligen Ufer wiedersehe, seine gesegneten Felder, die Bäume, welche Haupt und Arme ordentlich ausstrecken und nicht wie hier als verknorzte und krummbeinige Dachshunde auf dem Felde hocken. Einen schönen Nachmittag haben wir auf der Altane des Johannisberger Schlosses gesessen, ich glaube ruhiger und vergnügter als der Fürst Metternich selbst, bei einer Flasche seines Cabinettweines, der zwar mit Gold muß bezahlt werden, wogegen aber auch aller andre Wein nur eine Art gutartiger Essig ist. Denke ich an das Land, das man dort überschaut und das, was einem dabei auf der Seele auf und ab spaziert, kommt mir die hiesige verlebte Gegend, in welcher eine Georgia Augusta ihre Schafe weidet, wie eine Verbannung vor, die einen dumm macht.

In Winkel

Bettina von Arnim

Schon acht Tage bin ich in der lieblichsten Gegend des Rheins, und konnte, wenn ich recht sagen soll, vor lauter Faulheit, die mir die liebe sonnige Natur einflößte, keinen Augenblick finden, Deinem freundlichen Brief eine Antwort zu geben. – Was ist da auch zu tun? –, eine halbe Welt schaut mir zum Fenster herein, und recht wie ich sie liebe, lauter hohe Merkmale der Allmacht Gottes und der Lieblichkeit in seinen Werken.

Gestern abend ging ich noch spät an den Rhein auf einen kleinen Damm – ganz an der Spitze liegen noch Felssteine, die die Wellen von Zeit zu Zeit überspülen, ich kletterte mit einiger Gefahr auf den allervordersten, die Nebel, die hier und da auf dem Rhein ruhten, sahen aus, wie die Nachtlager der Himmlischen, es flogen ganze Heere von Zugvögeln über mir, und drehten sich im Kreis, ich wagte nicht über mich zu sehen aus Furcht, ins Wasser zu stürzen, und wies denn so geht, da ich mich umwendete, um zurück zu gehen, konnte ich kaum begreifen, wie ich so weit gekommen war, und fand meinen Weg erstaunlich kühn. . . .

Es sind hier noch tausend herrliche Wege, die alle nach berühmten Gegenden des Rheins führen, auf der einen Seite unseres Hauses liegt der berühmte Johannisberg, auf dessen steilen Rücken wir beinah täglich Prozessionen hinaufklettern sehen, die Segen um die Weinberge erflehen. Die Sonne geht auf dieser Seite unter und wirft gewöhnlich einen dunklen Purpur beim Abschied über unsere Wohnung, nicht weit davon liegt Vollraz, eine ungeheure Burg mit großen Meierhöfen, wo Schafe, Kühe, Esel, Schweine und Gänse alles durcheinander weidet in einem großen Eichenwald; wenn man dahin kömmt, sollte man glauben, daß es hier ein End mit den Menschen und einen Anfang mit den Tieren habe....

Um Kostheim und Kastel

Johann Kaspar Riesbeck

Die starke Stunde Wegs von Hochheim bis nach Mainz war eine der angenehmsten auf meinen deutschen Reisen. Erst geht es den goldnen Hügel auf eine Viertelstunde durch ununterbrochene Weingärten herab, die an der Straße stark von Obstbäumen beschattet werden. Auf diesem Abhang beherrscht man eine unvergleichliche Aussicht über ein kleines, aber ungemein reiches Land, welches die nördliche Erdzunge bei dem Zusammenfluß des Rheins und Mains bildet. Die Blume des Hochheimer Weines wächst nicht auf dieser Seite des Hügels, die gegen die Morgensonne zu sehr gedeckt ist, sondern auf der Südseite. Hierauf kommt man in eine Tiefe, welche von einem kleinen Bach bewässert wird, und wo Wiesen, Felder und Obstgärten die schönsten ländlichen Szenen darstellen. Zur Linken schimmert nahebei durch einen Wald von Obstbäumen das wirkliche prächtige Dorf Kostheim. Die schöne Straße windet sich dann durch die Obst- und Weingärten des großen Flecken Kastel, welcher am Ende der mannigfaltigsten und natürlichsten Allee am Ufer des Rheines, grade Mainz gegenüber, zum Vorschein kommt.
Sowie man auf die Schiffbrücke kommt, welche über den Rhein führt, wird man von dem prächtigsten Anblick überrascht, den man sich denken kann. Der stolze Strom, welcher soeben das Gewässer des Mains verschlungen und hier gegen 1400 Fuß breit ist, kommt aus einer Ebene herab, die am Horizont den Himmel berührt. Abwärts stellen sich hohe Berge seinem Lauf entgegen und zwingen ihn, indem er einige Inseln bildet, sich gegen Westen zu wenden, nachdem er von Basel her immerfort gegen Norden geflossen ist. Diese Berge, zu deren Füßen

und auf deren Abhängen man einige Örter schimmern sieht, bilden amphitheatralisch das sogenannte Rheingau, welches der Thron des deutschen Bacchus ist. Der Rhein hat hier immer noch die schöne grünliche Farbe, die man in Helvetien an ihm bewundert, und noch auf eine weite Strecke hinab unterscheidet er sein Gewässer sorgfältig von dem trüben Main.

Am Rheine

Julius Wolff

Ich fahre hin zum stolzen Rhein,
Zu den berühmten Reben,
Da wächst auf allen Bergen Wein,
Da blüht ein glückhaft Leben,
Und mancher, der mir hold und mild,
Zapft da mit rechtem Maße,
Die Traube hängt als Wirtshausschild
Weit über in die Straße.
Ich kann nun mal,
Wie groß die Zahl,
Den Schenken nicht vorübergehn,
Ich muß sie doch von innen sehn.

In Ingelheim da fang' ich an
Mit Rotem aus der Tonne
Und trinke mich stromunter dann
Linksuferig bis Bonne.
Frau Wirtin hat die Bank gewischt
Zum Willkomm mit der Schürze
Und einen Schoppen aufgetischt,
Daß ich ihn mannhaft stürze.
Ist grünlichgelb
Und klar derselb,
Doch hat er's in sich, daß er sacht
Beim ersten Schluck schon lustig macht.

Rechtsufrig dann stromauf gemach
Durch Östrich und Hallgarten
Zieh' ich bis Kloster Eberbach,
Wo meiner sie schon warten.
Die Mönche bringen dort herein
Vom Steinberg eine Sorte,
Ist das ein Segen dieser Wein!
Mir fehlen fast die Worte.
Ist mild und stark,
Geht bis ins Mark,
Er leuchtet einem ins Herz hinein,
Der Mensch kann dabei selig sein.

Hinab dann geht's nach Kiderich,
Sankt Valentin zu ehren,
Doch balde schon muß wieder ich
Zum Gräfenberg mich kehren.
Dann du, gesegnet Rauental,
Wer möchte hier wohl fasten!
Muß ich ja doch schon wieder mal
In Altavilla rasten.
Dort Walluf winkt,
Wo gut sich's trinkt,
Und ist auch hier der Becher hohl,
Dann heißt es: Rheingau, lebewohl!
Mit dem, was man so Trinken nennt,
Ist wenig noch geschehen,
Wer meinen ganzen Durst nicht kennt,
Wird mich nur halb verstehen.
Das Beste such' ich für ihn aus,
zum Rheine fahr' ich wieder,
bring' mir ein Räuschlein mit nach Haus
und alle Taschen voll Lieder.

Die Luft macht frei,
Ich trink' für drei,
Rheinwein, du süffig Sonnengold,
Dir geb' ich mich in Lehn und Sold!

Quellenverzeichnis

Heinrich Albert (1835–1908): *Superphosphat aus der Lohmühle*
Aus „Mein Leben", o. O. o. J.
Erasmus Alberus (um 1500–1553): *In Wiesbaden sind warme Wasser*
Aus „Kurtze Beschreibung der Wetterau", Frankfurt 1552
Bettina von Arnim (1785–1859): *In Winkel*
Aus „Goethes Briefwechsel mit einem Kinde", Berlin 1923
Helmut Arntz: *Das Haus Henkell / Die Söhnlein KG*
Aus „Champagner und Sekt. Die Geschichte des schäumenden Weins", zusammen mit André L. Simon, Ullstein Verlag, Berlin 1962, mit freundlicher Genehmigung des Autors
Johann Joachim Becher (1635–1682): *Wiesbadens Lob*
Aus „Des hochberühmten Becheri Medicinische Schatzkammer ...", Leipzig 1700
Ludwig Bechstein (1801–1860): *Die Blutlinde*
Aus „Aus dem Sagenschatz der Hessen", Husum-Verlag 1983
Ludwig Börne (1786–1837): *So labend und frisch*
Aus „Gesammelte Schriften. Vollständige Ausgabe in sechs Bänden", Leipzig 1899
Franz Bossong (1872–1914): *Mei' Wiesbade*
Aus „Gedichte in Wiesbadener Mundart", Wiesbaden 1895
Clemens Brentano (1778–1842): *Ziemlich anstrengend*
Aus „Briefwechsel zwischen Clemens Brentano und Sophie Mereau", hg. v. Heinz Amelung, Potsdam 1939
Ferdinand Dieffenbach (1821–1861): *Ein Messias aus Kostheim*
Aus „Das Großherzogtum Hessen in Vergangenheit und Gegenwart", Darmstadt 1877
Rudolf Dietz (1863–1942): *Die Reaktion*
Aus „Zwiwwele II", Verlag Rudolf Dietz, Wiesbaden o. J.
Fjodor M. Dostojewskij (1821–1881): *Ich habe alles verspielt*
Aus „Gesammelte Briefe 1833–1881", übersetzt, hg. und kommentiert v. Friedrich Hitzer unter Benutzung der Übersetzung von Alexander Eliasberg, R. Piper & Co. Verlag, München 1966, mit freundlicher Genehmigung des Verlages
Carl Dräxler-Manfred (1806–1879): *O Sonnenberg, die Zeit der Wonne*
Aus „Sonnenberg", o. O. 1845
Georg Heinrich Ebhardt (1758–1827): *Nahrungsstand, Gewerbe, Künste und Handwerk / Der Uhrturm*
Aus „Geschichte und Beschreibung der Stadt Wiesbaden", Wiesbaden 1817
Hans Folz (1435/40–1513): *Die Bäder zu Wiesbaden und Ems*
Aus „Dieses puchlein saget uns von allen paden die von natur heiß sein", (Faksimile) Straßburg 1896
Gustav Freytag (1816–1895): *Fasching / Auch im Winter schön*
Aus „Gustav Freytags Briefe an Albert von Stosch", hg. v. Hans Ferdinand Helmolt, Stuttgart und Berlin 1913
Philipp Wilhelm Gercken (1722–1791): *Wißbaden ist ein uralter Ort*
Aus „Reisen durch Schwaben, Baiern, die angränzende Schweiz, Franken, die Rheinischen Provinzen und an der Mosel und durch Italien in den Jahren 1779–1783", 3 Bde., Stendal 1783–1788

Johann Isaac von Gerning (1767–1837): *Das Kurgebäude / Die Platte / Das wohltätige Heilbad*
Aus „Die Rheingegenden von Mainz bis Cölln", Wiesbaden 1819

Johann Wolfgang von Goethe (1749–1832): *Es gibt hier bedeutende Männer / Hier ist das köstlichste Gastmahl bereitet / In Biebrich zur Tafel*
Aus „Werke", Sophienausgabe, Weimar 1901

Hans Grimm (1875–1959): *Neureiche*
Aus „Leben in Erwartung", Klosterhaus-Verlag, Lippoldsberg 1953, mit freundlicher Genehmigung des Verlages

Jacob Grimm (1786–1859): *Über die Badereise des Bruders Wilhelm*
Aus „Freundesbriefe von Wilhelm und Jacob Grimm", Heilbronn 1878

Jacob Grimm (1786–1859): *Der Rhein und seine glückseligen Ufer*
Aus „Wilhelm Grimm. Aus seinem Leben", hg. v. Wilhelm Schoff, Bonn, Hannover, Hamburg, München 1960

Alois Henninger (1814–1862): *Der Überfall von 1644 / Der Wilderer Leichweis*
Aus „Nassau mit seinen Sagen, Geschichten und Liedern fremder und eigener Dichtung", 3 Bde., Wiesbaden 1845

Ludwig von Hörnigk (gest. 1667): *Beschreibung Wißbads / Ob man vor oder auch wol in dem baden purgieren müsse?*
Aus „Wißbad sampt seiner wunderlichen Eigenschaft, herrlichen Kraft und rechtem Gebrauch", Wiesbaden 1637

Arthur Hübscher (geb. 1897): *Von Leipzig nach Wiesbaden. Der Brockhaus Verlag*
Aus „Hundertfünfzig Jahre F. A. Brockhaus 1805–1955", Verlag F. A. Brockhaus, Wiesbaden 1955, mit freundlicher Genehmigung des Verlages

Joseph Kehrein (1808–1876): *Der Bauer vor Amt*
Aus „Volkssprache und Volkssitte im Herzogtum Nassau", Bd. I, o. O. 1860

Philipp Keim (1804–1884): *Neues Lied von einem fürchterlichen Erdbeben ...*
Aus „Philipp und Lisbeth Keim aus Diedenbergen, ein Nassauisches Dichter- und Bardenpaar, nebst einer Sammlung Philipp Keim'scher Original-Lieder und Dichtungen", hg. v. J. Chr. Glücklich, Wiesbaden 1897

Ernst Friedrich Keller (1796–1870): *Die Reformation*
Aus „Geschichte Nassau's von der Reformation bis zum Anfang des 30jährigen Kriegs", Wiesbaden 1864

Walter Kempowski (geb. 1929): *Nachkriegszeit in Wiesbaden*
Aus „Uns geht's ja noch gold", (c) Albrecht Knaus Verlag GmbH, München 1978, mit freundlicher Genehmigung des Verlages

Johann August Klein (1792–1875): *Vom Bahnhof zum Kursaal / Schlangenbad und Georgenborn*
Aus „Rheinreise von Basel bis Düsseldorf mit Ausflügen ...", Koblenz 1846

Heinrich von Kleist (1777–1811): *Der Friede spielte sein allegorisches Stück*
Aus „Werke und Briefe in vier Bänden", hg. v. Siegfried Streller, Berlin und Weimar 1978

Karl Korn (geb. 1908): *Herrschaftliche Stadt*
Aus „Über Land und Meer", Societäts-Verlag, Frankfurt/Main 1977, mit freundlicher Genehmigung des Verlages

Wolf-Arno Kropat: *Vom Ackerbürgerstädtchen zur Weltkurstadt*
Aus „Die Geschichte Hessens", hg. von Uwe Schultz, Konrad Theiss Verlag, Stuttgart 1983, mit freundlicher Genehmigung des Verlages

Heinrich Laube (1806–1884): *Den Hügel von Wiesbaden hinab*
Aus „Gesammelte Werke in 50 Bänden", hg. v. Heinrich Hubert Houben, Leipzig 1909
Joseph von Lauff (1855–1933): *Über Georg von Hülsen*
Aus „Spiegel meines Lebens", G. Grote'sche Verlagsbuchhandlung, Berlin 1932
Friedrich Lennig (1796–1838): *Der Pfälzer Bauer nach der Kur im Wiesbad*
Aus „Etwas zum Lachen", 3. Auflage Mainz 1839
Matthaeus Merian (1593–1650): *Wiesbaden*
Aus „Topographia Hassiae, Beschreibung und eygentliche Abbildung der vornehmsten Stätte und Plätze in Hessen", Frankfurt/Main 1655
Clara Misch: *Wilhelm Diltheys Kindheit in Biebrich*
Aus „Der junge Dilthey. Ein Lebensbild in Briefen und Tagebüchern 1852–1870", Verlag B. G. Teubner, Leipzig 1933, mit freundlicher Genehmigung des Verlags B. G. Teubner, Stuttgart
General H. Mordacq: *Französischer Nationalfeiertag 1924 in Wiesbaden*
Aus „Die deutsche Mentalität. Fünf Jahre Befehlshaber am Rhein", übers. v. Josef Gleichauf, Verlag Hermann Rauch, Wiesbaden 1927
Nasreddin Schah (1831–1896): *Iranischer Besuch im Jahre 1873*
Aus „Ein Harem in Bismarcks Reich. Das ergötzliche Reisetagebuch des Nasreddin Schah", hg. v. Hans Leicht, Erdmann Verlag, Tübingen und Basel 1969, mit freundlicher Genehmigung des K. Thienemanns Verlages
Max Niedermayer: *Der Limes Verlag*
Aus „Limes-Lesebuch. Zehn Jahre Verlagsarbeit", 1955, (c) by Limes Verlag Niedermayer und Schlüter GmbH München, mit freundlicher Genehmigung des Verlages
Alfons Paquet (1881–1947): *So sagt ein Sohn dieser Stadt*
Aus „Gesammelte Werke", Bd. 1, hg. v. Hanns Martin Elster, Deutsche Verlags-Anstalt, Stuttgart 1970, Copyright Nyland-Stiftung, Köln, mit deren freundlicher Genehmigung
A. H. Peez (1786–1847): *Thermalbad für Pferde*
Aus „Wiesbaden's Heilquellen und ihre Kraft", Gießen 1823
Ernst Penzoldt (1892–1955): *Wohltätiges Wunder*
Aus „Causerien", Suhrkamp Verlag, Frankfurt/Main 1962, mit freundlicher Genehmigung des Verlages
K. Reuter (1803–1889): *Römische Wasserleitungen*
Aus „Zur Geschichte des Römischen Wiesbadens", in „Annalen des Vereins für Nassauische Alterthumskunde und Geschichtsforschung", Bd. V, Heft 4, Wiesbaden 1877
Wilhelm Heinrich Riehl (1823–1897): *Der Schulweg / Wiesbadener Hoftheater*
Aus „Geschichten und Novellen. Gesamtausgabe", Stuttgart 1899
Johann Kaspar Riesbeck (1754–1786): *Um Kostheim und Kastel*
Aus „Briefe eines reisenden Franzosen über Deutschland an seinen Bruder in Paris", 1784
G. H. Ritter: *Trinkwasser*
Aus „Denkwürdigkeiten der Stadt Wiesbaden", Wiesbaden 1800
P. Rosenwall : *Die wirksamsten Quellen in Deutschland*
Aus „Malerische Ansichten und Bemerkungen auf einer Reise durch Holland, die Rheinlande, Baden, die Schweiz und Württemberg", Mainz 1818

Gottfried Anton Schenck (1699–1779): *Das Kloster Klarenthal / Das Rathaus und der Marktplatz*
Aus „Memorabilia urbis Wisbadenae oder Merkwürdigkeiten der Stadt Wißbaden", 2 Tle., Frankfurt 1732/1739
Robert Schumann (1810–1856): *Wiesbaden liegt hübsch*
Aus „Briefe", hg. v. Karl Storck, 3. Aufl. Paderborn 1940
Carl Schurz (1829–1906): *Früher verfolgt, heute begrüßt*
Aus „Lebenserinnerungen", Berlin 1906–1912
Karl Simrock (1802–1876): *Einst Hauptort der Königshundert / Schloß Biebrich und sein Park*
Aus „Das malerische und romantische Rheinland", Leipzig 1839
C. Spielmann (1861–1917): *Einstellung des Spielbetriebs 1873*
Aus „Das Kurhaus zu Wiesbaden", Wiesbaden 1904
Adam Storck (1780–1822): *Die Lage ist so einzig herrlich ...*
Aus „Darstellungen aus dem Preußischen Rhein- und Mosellande", Essen/Duisburg 1818
Moritz von Strachwitz (1822–1847): *Champagnerlied*
Aus „Gedichte. Gesamtausgabe", Breslau 1850
Daniel Wilhelm Triller (1695–1782): *Ein geistiges elastisch Wesen / Lob auf das Wiesenbad*
Aus „Neue Fabeln und Erzählungen, worin in gebundener Rede allerhand erbauliche Sittenlehren und nützliche Lebensregeln vorgetragen werden", Leipzig 1750
Iwan S. Turgenjew (1818–1883): *Ankunft im Hotel*
Aus „Frühlingsfluten" in „Erzählungen 1857–1883", übers. v. Eva von Baer, Marion Gras-Racić und Übersetzern der Mitauer Ausgabe, Winkler Verlag, München 1967, mit freundlicher Genehmigung des Verlages
F. H. Ungewitter: *Wiesbaden verschönert sich immer mehr*
Aus „Neueste Erdbeschreibung und Staatenkunde", Adler & Dietze, Dresden 1848
Christian Daniel Vogel (1789–1852): *Die vorzüglichsten Gast- u. Badehäuser / Das römische Castell / Aus Wiesbadens Geschichte*
Aus „Beschreibung des Herzogthums Nassau", Wiesbaden 1843
Niklas Vogt (1756–1836) und Aloys Schreiber (1765-1841): *Artige Umgebungen*
Aus „Mahlerische Ansichten des Rheins von Mainz bis Düsseldorf", Frankfurt/Main 1804–1806
Hans Wachenhusen (1822–1898): *Melancholische Rollstühle / Stadt der Müßiggänger*
Aus „Rheinfahrt. Von den Quellen des Rheins bis zum Meere", zus. mit Karl Stieler und Friedrich Wilhelm Hackländer, Stuttgart 1875–1876
Richard Wagner (1813–1883): *Aufführung des „Lohengrin" / Ekstatische Entrücktheit*
Aus „Mein Leben", Bd. II, hg. v. Martin Gregor-Dellin, München 1969
Carl Julius Weber (1767–1832): *Im „Deutschen Pisa" / Groß und schön geworden*
Aus „Deutschland oder Briefe eines in Deutschland reisenden Deutschen", Stuttgart 1828

Philipp Weber: *Der „Saal"*
Aus „Thermae Wisbadenses, das ist Eygentliche Beschreibung des Wißbades", Frankfurt 1636

Johann Ignaz Weitzel (1771–1837): *Wanderung um Wiesbaden*
Aus „Die Rheinreise", Wiesbaden 1825

Wilhelm II. (1859–1941): *Pausengespräch*
Aus „Kaiserreden. Reden und Erlasse, Briefe und Telegramme Kaiser Wilhelms des Zweiten", Leipzig 1902

Eduard von Winterstein (1871–1961): *Die Eröffnung des Königlichen Theaters*
Aus „Mein Leben und meine Zeit. Ein halbes Jahrhundert deutscher Theatergeschichte", (c) Henschelverlag Kunst und Gesellschaft, DDR-Berlin 1951, mit freundlicher Genehmigung des Verlages

Julius Wolff (1834–1910): *Am Rheine*
Aus „Lurlei. Eine Romanze", Berlin 1890

J. P. Zimmermann (1796–1850): *Sonnenberg / Die alte Stadtkirche*
Aus „Wiesbaden mit seinen Umgebungen", Wiesbaden 1826

Außerdem haben wir aus folgenden Veröffentlichungen Texte entnommen:

Aus der „Allgemeinen deutschen Real-Encyclopädie", Leipzig 1819 („Zur Geschichte des zu Wiesbaden regierenden Hauses Nassau");

aus „Anekdoten aus Hessen", gesammelt von Richard Carstensen, Husum-Verlag, Husum 1985 („Bodenstedt alias Mirza Schaffy" und „Geheimrat Duden");

aus „Aus alten Schriften der Portland-Cement-Fabrik Dyckerhoff + Söhne. Zur 75jährigen Wiederkehr des Gründungstages", hg. v. d. Firma Dyckerhoff-Portland-Zementwerke A. G., Mainz-Amöneburg 1939 („Aus der Fabrik-Ordnung für die Arbeiter der Portland-Cement-Fabrik von 1869");

aus „Baedekers Nordwestdeutschland", Leipzig 1914 („Denkmäler, Parks, die griechische Kapelle");

aus „Denkmäler aus Nassau", hg. v. Verein für Nassauische Alterthumskunde und Geschichtsforschung, Wiesbaden 1852 (Egidius Hellmund [1678–1749], „Gutachten über den Bau eines neuen Kirchturms der Mauritiuskirche");

aus dem „Großen Brockhaus" von 1895 („Die Hauptstadt des Regierungsbezirks");

aus Gerda Haddenhorst, „Die Wiesbadener Kaiserfestspiele 1896–1914", Wiesbaden 1985 („Theatererlebnis im Jahr 1779");

aus Alois Henninger, „Nassau mit seinen Sagen, Geschichten und Liedern ...", Wiesbaden 1845 (Herbold, „Wisbare wunnerschehn", Michael Caspar Lundorf, „Baderegeln 1610" und Martin Venator, „Wißbaden, die uralte Stadt");

aus „Herzogtum Nassau 1806–1866", Ausstellung des Landes Hessen ..., Museum Wiesbaden 1981 („Die Forderungen der Nassauer" und „Einsatz von Reichstruppen und Reorganisation der Bürgerwehr");

aus „Hessen im Zeitalter der industriellen Revolution. Text- und Bilddokumente aus hessischen Archiven beschreiben Hessens Weg in die Industriegesellschaft während des 19. Jahrhunderts", hg. v. Klaus Eiler, Frankfurt/Main 1984 („Das Fresenius-Institut. Gesuch des Gewerbevereins zu Wiesbaden an die nassauische Regierung" und „Kinderarbeit in Biebrich");

aus Ph. H. Külb, „Plinius Secundus maior. Historia naturalis", Stuttgart 1855 („Die warmen Quellen der Mattiaken");

aus „Mittelrheinische Zeitung v. 28. 7. 1854, zitiert nach „Wagner in Wiesbaden“, Ausstellungskatalog 1983 („Kurkonzert mit Wagner-Melodien“);
aus Karlheinz Müller, „Preußischer Adler und Hessischer Löwe. Hundert Jahre Wiesbadener Regierung 1866–1966. Dokumente der Zeit aus den Akten“, Wiesbaden 1966 (Polizeikommissar Bochwitz, „Wilhelm Liebknecht in Wiesbaden“);
aus „Nassauische Lebensbilder“, Bd. 6, hg. v. Karl Wolf, Wiesbaden 1961 (Carl v. Ibell, „Rauchfreie Stadt“);
aus „Neue Wiesbadener Zeitung“, Sondernummer vom 4. 3. 1928 zum Thema „Neue Wiesbadener Zeitung 1848–1928“ („Die Kaiserfesterspiele“, Gustav Kieme, „Brand der Mauritiuskirche 1850“, „Festlied zur Einweihung der Marktkirche vom 8. November 1862“ und „Proklamation König Wilhelms von Preußen 1866“);
aus „Neue Zeitung“ vom 26. 7. 1946 (Franz Götting, „Wiesbaden nach dem Zweiten Weltkrieg“);
aus „Reichards Passagier auf der Reise in Deutschland, der Schweiz, nach Venedig, Amsterdam, Kopenhagen, Paris und St. Petersburg. Ein Reisehandbuch für Jedermann“, 9. Auflage Berlin 1837 („Die Badehäuser“ und „Die Quellen und ihre Wirkung“);
aus „Sang und Sage vom Kochbrunnen in Wiesbaden“, ges. u. hg. v. J. Bacmeister, Wiesbaden um 1893 („Weswegen der Teufel nicht wieder nach Wiesbaden gekommen ist“);
aus C. Spielmann, „Das Kurhaus zu Wiesbaden 1808–1904“, Wiesbaden 1904 (die Texte „Einstellung des Spielbetriebs 1873“, „Besondere Bedingungen für das Hazard-Spiel“, Dr. D. S., „Wiesbadens Quelle zeugt neue Kraft“, „Allgemeiner Zweck des Cursaals“ und „Hauptbedürfnisse jeder Badeanstalt“);
aus C. Spielmann (Übers.), „Einhard. Translatio et miracula Sanctorum Marcellini et Petri“, Hannover 1887 („Einhard in Wisibada“);
aus C. Spielmann, „Geschichte von Nassau“, 3 Bde., Wiesbaden 1911 (die Texte „Landesherrschaftlicher Freiheitsbrief für die Stadt Wiesbaden 1393“, Martial, „Mattiakische Färbekugeln“ und „Stadtratsverordnung für das Gemeindebad zu Wiesbaden 1781“);
aus Chr. von Stramberg, „Rheinischer Antiquarius, Mittelrhein“, Koblenz 1865 (Landgraf Moritz von Hessen, „Lustige Bäder“);
aus „Hessische Chronik“, 1617 („Von den warmen Baden in Hessen“);
aus „Wiesbadener Tageblatt“, Jg. 85, Nr. 166 vom 20. 7. 1937 (Carl Maria von Weber [1786–1826], „Bewerbungsschreiben um eine Anstellung am Wiesbadener Theater“ und „Für diesen Preis schlug ich es aus“);

In einigen Ausnahmefällen war es trotz entsprechender Bemühungen nicht möglich, die Rechtsinhaber ausfindig zu machen; hier bitten wir um Verständnis und sichern Nachhonorierung im üblichen Rahmen zu bei Nachricht an die Bücher GmbH, Klinikumallee 11, D-8580 Bayreuth.

Inhaltsverzeichnis

In gleicher Ausstattung
liegen „Lesebücher" vor über:

Aachen · Augsburg · Berlin · Bielefeld
Bonn · Braunschweig · Bremen · Celle
Darmstadt · Dortmund · Düsseldorf · Essen
Flensburg · Föhr · Frankfurt · Freiburg
Göttingen · Hamburg · Hannover
Heidelberg · Heilbronn · Husum · Itzehoe
Kassel · Kiel · Koblenz · Köln · Königsberg
Lübeck · Mainz · Mannheim · Marburg
München · Münster · Nürnberg
Oldenburg · Rendsburg · Rostock
Saarbrücken · Schleswig · Stuttgart · Trier
Wiesbaden · Würzburg

Jeder Band 96–160 Seiten, broschiert

Weitere Bände sind in Vorbereitung

HUSUM
HUSUM DRUCK- UND VERLAGSGESELLSCHAFT
Postfach 1480 · 2250 Husum